KB121557

당신이 숭배하든 혐오하든

페미니즘프레임

몸

당신이 숭배하든 혐오하든

김명희 지음

차례

뇌

'트리윤 브레인(triune brain 삼위일체뇌)'이라는 뇌 발달 모형이 있다. 인간의 뇌가 진화 과정에서 낮은 단계로부터 높은 단계로 발달해 왔고, 현재의 뇌 구조는 이러한 과거를 모두 품고 있다는 모델이다. 진화 역사에서 가장 초기에 발달했으며 깊숙이 위치한 중간뇌(mid brain) 부위를 파충류 Reptilian에서 따와 R복합체라고 부른다. 파충류의 주요 특징이라 할 수 있는 영토성과 자기 방어, 공격성, 위계 유지, 즉 일차원적 생존 본능을 담당한다. 이보다 나중에 발달한 변연계(limbic system)는 정서 반응과 행동을 담당하며, 포유류의 특징적 영역이다. 가장 최근에 발달한 새겉질(neocortex)은 복잡한 인지 기능의 중추로, 영장류 고유의 영역이다.

무릎을 치게 만드는 직관적 모델이지만, 과학적 타당성은 인정받지 못하는 모델이다. 뇌 영역들 사이에는 상당한 연계가 있고 기능도 이처럼 뚜렷이 구분되지 않

—

는다는 점이 확인되었기 때문이다. 그럼에도 가끔은 이 단순한 모델을 혼자 비밀스럽게 떠올릴 때가 있다.

공적인 모임이든 사적인 모임이든 첫 만남 자리에서 서열이 분명하지 않으면 불안해하고 노골적이거나 은밀한 방법으로 서열 싸움을 벌이는 남자들을 볼 때 말이다. 이런 순간이면 내 머릿속에서는 자동으로 트리윤 브레인 모델의 파충류 부위가 떠오르면서, 영토성, 자기 방어, 공격성, 위계, 이런 단어들이 말풍선으로 따라붙는다. 힙합 서바이벌 〈쇼 미 더 머니〉에 출연해서 도무지 이유를 알 수 없는 상대방 공격과 난데없는 자기 과시를 일삼는 젊은 힙합맨의 모습을 연상하는 이들이 있을 것이다. 사용하는 어휘의 난이도, 몸짓, 스타일이 다를 뿐, 엘리트 계급 중장년 남성이라고 특별히 다르지는 않다.

이것은 과연 남성의 본성인가? 그렇다면 반대로 여성은 마더 네이처, 평화의 수호자? 왜 동일한 뇌를 가졌는데 남녀의 행동이 다른가? 혹시 뇌 구조 자체가 달라서인가?

시중에는 "남자는 원래~ 여자는 원래~" 류의 수많은 '썰'들이 떠돈다. 2016년 성평등 실태 조사에서도 '남성의 성욕은 생물학적이라서 해소해야만 한다'는 문장에 동의하는 남자 청소년의 비율이 33.9%나 되었다. 남성과 여성은 각각 화성과 금성에서 왔다고 할 만큼 서로 다른 존재라는 주장을 담은 책은 아직까지도 세계적 베스트셀러다. 그러나 이러한 주장의 대부분은 과학적 근거가 없거나, 일부 동물에서의 관찰 결과를 인간에게 확대 적용한 것들이다. 자연계의 동물 중 상당수는 외형상 암수가 분명히 구분되고, 암컷과 수컷은 성행동에서 뚜렷한 차이를 보인다. 인간도 이들과 같은 뿌리를 가지고 있기에 당연히 공통점이 있다. 하지만 언어와 수리, 고도의 인지 기능은 인간에게만 존재한다. 동물 사회에서 생존에 유리한 요소들과 인간 사회에서의 그것은 분명히 다르다. 과연 자연계에서 동물들의 성행동을 결정하는 요인들이 인간의 복잡한 사고와 행동에 똑같은 방식으로 영향을 미칠 수 있을까?

● **여성 뇌, 남성 뇌는 존재하는가?**

우선 남녀 간에 뇌의 구조가 다른지부터 살펴보자. '여성 뇌'와 '남성 뇌'가 따로 있을까? 뇌를 분석하기만 해도 이것이 남성의 뇌인지 여성의 뇌인지 알아맞힐 수 있을까?

2015년 이스라엘 텔아비브 대학, 독일 막스 플랑크

연구소, 스위스 취리히 대학 공동 연구팀이 발표한 논문은 1,400명이 넘는 인간의 뇌 MRI 영상 자료를 이용하여 회색질(gray matter), 백색질(white matter)의 부피, 연결(connection)의 정도를 비교했다. 그 결과, 남성에게서 좀 더 발달한 부위, 여성에게서 좀 더 발달한 부위는 존재했지만 여성과 남성 표본의 수치를 각각 분포도로 그렸을 때 두 그래프는 광범위하게 겹쳐 있었다. 과거 연구들에서 남녀 차이가 가장 두드러진다고 알려진 소수의 부위들조차 내적 일관성을 보여 주지는 못했다. 다른 뇌과학 연구들도 남녀 사이에 일부 구조 차이가 있는 부분을 발견하기는 했지만 이것이 기능에서 실제로 어떤 차이를 낳는지 아직까지 확인하지 못했다. 말하자면 '여성 뇌 vs. 남성 뇌' 같은 이분법적 구분은 전혀 타당하지 않으며, 차이보다는 공통성이 본질이라는 것이 이들 연구의 결론이었다.

뇌 구조뿐 아니라 인지 기능에 성별 차이가 있는지에 대해서도 많은 연구가 이루어졌다. 과거의 연구들은 IQ 측정 등 다양한 방법을 이용해서 인지 기능에 성별 차이가 있다고 보고했다. 이를테면 남학생은 입체적인 공간 인지, 수리 능력에서 뛰어나고, 여학생은 단어 유창함, 인지 속도에서 남학생보다 뛰어나다는 식이다. 그러나 최근 연구들은 과거의 분석이 가진 방법론적 결함을 지적하며 성별 차이를 회의적으로 보고 있다. 이를테면 전반적 인지 능력, 수학 능력, 언어 능력의 성별 차이를 분석한 여러 개별 연구를 종합한 '메타 분석' 결과에 따르면, 성별 차이가 없거나 있다 해도 무시할 만한 수준이라는 것이다. 시간이 흐르면서 그나마 관찰되던 성별 차이도 더욱 줄어드는 추세라고 한다.

● 그렇다면 왜?

뭔가 좀 이상하다. 오늘날 한국만이 아니라 거의 전 세계적으로, 수학과 과학은 물론 거의 전 과목에서 여학생의 성적이 남학생보다 높다. 뇌 구조나 인지 기능 측면에서의 성별 차이는 거의 없다고 한다. 그런데 왜 여성들이 이공계(STEM, science, technology, engineering, and mathematics) 분야에서 좀처럼 힘을 발휘하지 못하는 것일까? 뛰어난 과학자, 노벨상 수상자 중에는 압도적으로 남성이 많다. 국내에서도 대학원 석·박사 졸업자 중 공학 계열의 여성 비율은 10~20%밖에 되지 않는다.

본질적인 성별 차이가 없음에도 불구하고 왜 현실에서 이공계 분야 여성들의 성취가 더 낮은지는 학계에서 중요한 연구 질문이다. 2005년 미국 하버드대 총장

로렌스 서머스는 전미경제연구소가 주최한 간담회, 그 것도 여성의 이공계 진출 증진 방안을 논의하는 자리에서 남성이 여성보다 수학과 과학에서 뛰어난 건 유전적 차이 때문이라는 이야기를 했다. 그는 여성 과학자의 경력 개발을 가로막는 차별은 더 이상 없다고 덧붙였다. 하버드와 MIT를 졸업했고 클린턴 정부에서 재무장관까지 지낸 저명한 경제학자였지만, 이러한 대담한 주장을 뒷받침하기 위해 그가 가져온 근거는 본인 딸이 장난감을 가지고 노는 '여성적' 모습이었다.[1] 학계의 반발과 하버드 교수들의 격렬한 비판 끝에 결국 그는 총장 자리에서 물러났다. 그리고 이 사건은 역설적으로 무엇이 여성 과학자의 성장을 가로막는지에 대한 학술적, 사회적 논의로 이어졌다. 이 사건 1년 뒤 《사이언스》에 실린 실험 논문이 대표적이다.

　　연구팀은 '대학원 입학 기준 개선 연구'라는 가짜 제목으로 여자 대학생들을 모집하여 수학 능력을 테스트한 후, 일정한 능력 이상이 되는 학생 100여 명을 선발했다. 그리고 대학원 입시 문제은행으로부터 비교적 난도가 높은 수학 문제들을 추출하여 참가자들에게 시험을 치르게 했다. 수학 문제들은 1부와 2부로 나누어 배치했고, 그 사이에 언어 영역의 이해력을 평가한다며 네 가지 예시문 중 하나를 무작위로 포함시켰다. 예시문은 '젠더 고정관념'[2]과 관련한 네 가지 각기 다른 상황을 담고 있었다.

[예시문 1] 여러 국가에서 시행된 메타 분석 결과 수학 능력에서 남녀 차이가 없었다는 내용(젠더 차이 없음)

[예시문 2] 예술 작품에 나타난 여성 신체의 기능을 여성의 정체성과 연관 지어 기술한 내용(전형적인 고정관념 위협[3] 상황)

[예시문 3] 남성이 여성보다 수학 성적이 좋은데, 이는 초기 학령기에 교사들이 편향적 기대를 가지고 가르쳤기 때문이라는 내용(경험적 불평등 상황)

[예시문 4] 남성이 여성보다 수학 성적이 좋은데, Y 염색체에서 발견되는 일부 유전자 때문이라는 내용(유전적 상황)

연구팀은 수학 시험의 1부 성적과 예시문을 읽고 난 뒤에 풀이한 2부 성적을 비교했다. 그랬더니 [예시문 2]와 [예시문 4]의 젠더 고정관념 예시문이 할당된 집단에서만 수학 성적이 유의하게 낮아지는 것을 확인할 수 있었다. [예시문 2]는 수학과 관련이 없지만 전형적인 젠더 고정관념을 강화하는 내용이었다. [예시문

—

4]는 남성이 여성보다 수학을 잘한다는 내용을 담고 있다는 면에서 [예시문 3]과 동일하지만 그 이유를 사회적 차별이 아닌 생물학적 본성에서 찾고 있었다.

연구팀은 새로운 연구 대상자를 모집하여 이번에는 예시문을 연구 참여자가 직접 읽는 것이 아니라 듣기평가처럼 들려주는 방식으로 변형하고 역시 1부와 2부로 구성된 수학 시험을 실시했다. 결과는 동일했다. 젠더 고정관념에 노출된 여학생들의 수학 성적이 유의하게 낮아진 것이다. 연구팀은 이 결과를 보고하며, 생물학적으로 남녀의 수학 능력 차이가 있는지 여부는 차치하고, 서머스 총장의 발언 그 자체가 고정관념 위협을 통해 과학에서의 젠더 격차를 심화시킬 수 있다고 비판했다.

'수학이 소녀들에게 적합하지 않다'는 암묵적 믿음은 아홉 살밖에 안 된 소녀들에서도 관찰되며, 청소년기에 더욱 강화된다는 점을 확인한 연구도 있다. 국내 조사에서도 '남자는 여자보다 수학과 과학을 더 잘한다'는 문장에 남자 청소년의 30.9%가 동의한 데 비해, 여학생은 그보다 많은 39.1%가 동의했다.[4] 실제로 성별과 수학에 대한 여학생의 암묵적 믿음은 본인이 직접 표명한 관점보다 학업 성취와 전공 선택을 더 잘 예측하는 것으로 나타난다. 이러한 연구 결과들은 젠더 고정관념

—

이 아직도 강력하며, 고정관념 자체가 현실에서 효과를 발휘한다는 점을 보여 준다. 은밀한 젠더 고정관념 위협의 영향이 이 정도니, 이공계 혹은 보건의료계 안에서 공공연하게 일어나는 성적 괴롭힘과 성차별의 악영향에 대해서는 말해 무엇하랴.[5]

● **적극성과 공격성 vs. 따뜻함과 돌봄**

복잡한 사고 영역이 아니라 행동이나 정서는 좀 다르지 않을까? 성행동, 새끼 돌보기, 서열과 관계 등은 좀 더 동물적 본능에 가깝고, 뇌의 복잡한 사고만이 아니라 호르몬 같은 생리적 요인의 영향도 크니까 말이다.

성호르몬은 남성과 여성의 생물학적 생식 기능에만 관여하는 것은 아니다. 우리 행동과 정서에도 큰 영향을 미친다. 이를테면 남성호르몬 테스토스테론은 공격성, 여성호르몬인 옥시토신은 돌봄이나 애착과 관련 있다. 그래서 남성은 진취적, 지배적 성향을 갖고, 여성은 타고난 모성애와 돌봄 성향을 갖게 된다고 이야기한다.

실제로 인간을 포함한 대부분의 종에서 수컷의 혈

중 테스토스테론 농도는 암컷보다 높다. 분노와 불안을 주로 관장하는 뇌의 편도(amygdala) 부위에는 테스토스테론 수용체가 많이 있다. 그리고 수컷의 공격성은 대개 테스토스테론 농도가 최고치에 달하는 사춘기나 짝짓기 시즌에 높아진다. 그러나 공격적이 되었을 때 테스토스테론 분비가 자극되기 때문에, 호르몬이 먼저인지 분노가 먼저인지는 사실 불분명하다. 게다가 다양한 동물 실험 연구들은 테스토스테론이 완전히 제거된 상태에서도 공격성이 남아 있고, 호르몬과 무관하게 공격성이 발현되기도 한다는 점을 확인했다. 인간 자원자에게 테스토스테론을 인위적으로 투여한 실험에서 공격성의 증가는 확인되지 않았다.

사폴스키 같은 뇌과학자는 최신의 연구 결과들을 종합하면서, 공격성은 테스토스테론보다 사회적 학습과 더 관계있고, 테스토스테론으로는 사람들 사이에 누가 더 공격적인지 설명하기 어렵다고 결론 내렸다.

그렇다고 이 호르몬이 아무런 역할을 하지 않는다는 것은 아니다. 테스토스테론의 역할은 상황과 맥락에 따라 달라진다. 사폴스키 책에 소개된 유명한 실험 연구가 있다. 서열이 확실한 탈라폰 원숭이 무리에서 중간 서열에 해당하는 원숭이에게 테스토스테론을 과량 주입하여 그들의 공격성 수준을 높였다. 그랬더니 자기보다 서열이 높든 낮든 가리지 않고 마구잡이로 도전하거나 공격하는 것이 아니라, 자기보다 서열 낮은 원숭이들만 골라서 공격하더라는 것이다. 테스토스테론은 공격성의 새로운 유형을 만들어 냈다기보다, 기존의 공격성 유형을 그저 강화한 것으로 볼 수 있었다.

적절한 상황에서 테스토스테론은 공격성이 아니라 사회성을 높이는 데 기여하기도 한다. 사폴스키의 책에 소개된 인간 대상 실험을 보면, 스스로의 자부심이 정직함에 달려 있다고 느끼는 상황에서 테스토스테론은 속임수를 덜 쓰게 만들었다. 또한 게임에서 딴 돈 중 얼마나 많은 금액을 모든 플레이어가 공유하도록 내놓을 것인가 정할 때도 테스토스테론은 사람들이 좀 더 친사회적 성향을 보이도록 만들었다. 테스토스테론 때문에 공격성과 폭력이 나타나는 것이 아니라, 사회적 학습과 사회적 맥락이 중요하다는 것이다. 사폴스키는 단호하게 말한다. "남성의 폭력으로 물든 사회에서 문제는 테스토스테론이 공격성을 높일 수 있다는 점이 아니라, 우리 사회가 이러한 공격성에 보상하는 빈도"라고.

그러면 '사랑의 호르몬'으로 명성이 높은 옥시토신은 어떨까? 옥시토신은 뇌의 뇌하수체 후엽에서 분비되며 포유류가 새끼를 낳고 키우는 데 매우 중요한 역

—

할을 한다. 자궁을 수축시키는 기능이 있기에 분만 촉진제로 쓰이기도 하고, 모유 분비를 촉진하며, 암컷이 자기 새끼를 구분하고 돌보는 데에도 중요하다. 분노와 불안을 관장하는 뇌 부위인 편도를 (테스토스테론과는 반대로) 억제하며, 부교감신경을 통해 안정되고 차분한 상태를 만들어 준다. 사회성 행동을 촉진하고, 친사회적 행동을 경험하면 분비가 늘어난다. 심지어 인간과 반려견 사이에서는 종(species)이 다름에도 불구하고 서로를 응시할 때 옥시토신이 분비된다고 한다.

"옥시토신은 스스로 조절이 안 된다. 여성들은 만나고 싶지 않은 남자가 데이트를 요청하면 절대 만나면 안 된다. 그 남자가 좋아하는 핸드백을 사 왔다고 해서 '핸드백만 뺏어야지' 하는 생각에 만나고, '밥이나 얻어먹어야겠다'는 생각에 몇 번 시간을 보내면, 그 남자가 괜찮게 보이기 시작한다. 주변에서 아무리 반대해도 이미 옥시토신이 나오면 끝이다."

"옥시토신은 상대를 구분하지 않는다. 어떤 사람이 추행해도 (옥시토신이) 나온다. 어릴 때 친척에게 정기적인 추행을 당한 청년이 있었다. 그는 그 친척이 보이지 않았는데도 그 시간대가 되면 가슴이 뛴다고 하더라. 속에 나쁜 피가 흐르는 게 아니다. 옥시토신 때문이다."

청년들에게 올바른 이성 교제를 가르친다면서 했다는 어느 목사의 발언이다.[6] 무지가 빚어낸 진정한 아무 말 대잔치라 할 수 있다.

옥시토신은 언제나 한결같은 사랑의 호르몬이 절대 아니다. 테스토스테론과 마찬가지로 상황에 따라 달라진다. 나와 같은 편을 대할 때는 더 친밀하게 만들어주지만, 위협으로 여겨지는 타자를 만나면 더 가혹하게 대하도록 만드는 것이 옥시토신이다. 이를테면 무의식적 편견을 측정하는 암묵적 연관성 테스트에서 옥시토신은 타자에 대한 편견을 더 강화하는 것으로 나타났다. 말하자면 우리 편끼리는 사랑의 호르몬이지만, 타자에게는 사악한 호르몬인 셈이다. 봉준호 감독의 영화 〈마더〉가 자연스레 떠오른다.

● **생물학적 차이는 사회적 진공에서 작동하지 않는다**

자연계에서 암컷과 수컷이 구분되는 것처럼 인간 남성과 여성 사이에도 생물학적 차이는 분명히 존재한다. 그러나 이러한 생물학적 차이가 '불변의 본성'을 낳고, 이것이 다시 인간 삶의 모든 영역에서 '사회적 행동'을 결정한다고 여겨서는 안 된다. 그것은 커다란 착

—

각이다. 심지어 현대 사회는 근력과 본능으로만 살아갈 수 없는 시대가 아닌가!

화가는 그림을 잘 그리니까 조각도 잘할 것이라는 추측은 일리가 있다. 손재주와 사물을 인식하는 능력이 뛰어날 테니까 말이다. 그런데 달리기 잘하는 화가를 만났다고 해서 화가는 모두 달리기를 잘한다고 주장한다면 듣는 사람들은 터무니없다고 생각할 것이다. 그것은 특정한 개인의 특성이지 화가의 본성과는 관계없기 때문이다. 그런데 유독 생물학적 성별과 인간 행동에 대해서만은 고정관념을 받아들이는 데 의심이 별로 없다.

지금까지 살펴본 것처럼, '남자는 원래~ 여자는 원래~'라는 이야기의 생물학적 근거는 매우 취약하다. 고도의 인지 기능을 담당하는 뇌의 구조나 기능에서 남녀 간 차이는 미미하거나 거의 없고, 공격성과 돌봄이라는 전형적 남녀 특성과 관련된 호르몬도 사회적 학습과 맥락에 따라 그 효과가 크게 달라진다. 하지만 우리는 현실에서 남녀 차이를 매일 목격한다. 여자아이들은 분홍색과 인형을 좋아하고, 연애 관계에서 남성은 리드하고 여성은 따라간다. 과학계에 여성의 숫자가 적고, 돌봄 일자리에는 여성이 많다. 그리고 이러한 현상은 다시금

—

'남자는 원래~ 여자는 원래~'라는 신념을 강화한다. 현실에 존재하는 차별적 제도나 젠더 고정관념 위협 같은 사회적 차별 구조는 가린 채 말이다.

털

지금도 절친하게 지내는 남자 동기 중에 학부생 시절 별명이 '슴털이'인 이가 있다. 가슴 털이 수북해서 붙은 별명이다. 사람들이 이걸 어떻게 알았냐고? 본인이 가슴 털을 과시하기 위해 항상 셔츠 단추 몇 개를 끄르고 다닌 덕분이다. 본인은 '이렇게 멋진 나'에 감동했지만, 동기들 누구도 그의 가슴 털을 받아들일 마음의 준비가 되어 있지 않았다. 남녀를 가리지 않고 모두가 질색했다. "아우 눈 버렸네. 자식아, 단추 채워!" 그러나 그는 참 꾸준했다. 하지만 운명은 알 수 없는 것. 그렇게 가슴 털을 자랑하던 친구는 이제 탈모 때문에 머리카락 한 올 한 올에 엄청나게 집착하고 있다. 전립선 질환 부작용이 있다는 탈모약까지 복용 중이다. "머리카락 없다고 설마 우리가 같이 안 놀아 주겠냐? 약 고만 먹어라" 했더니만 돌아온 대답. "야, 내가 맨날 너네하고만 만나는 건 아니잖아. 나도 젊은 아가씨들한테 잘 보이고 싶다고." "아, 뉘뉘……." 역시 인생은 뜻대로

———

되지 않는다.

　사람에 따라 '멋지다'는 기준의 차이는 있겠지만, 대체로 남자의 털, 특히 몸에 난 털은 길들지 않은 야생성과 야성미를 상징한다. 반면 성적으로 수동적이고 '여성적'인 여성의 몸에는 털이 없는 것이 미덕이다. 인간 종으로서 털이 나는 부위는 남녀가 다르지 않건만, 생물학적인 풍성함의 정도, 사회적 허용과 문화적 습속은 남녀 간 차이가 크다. 성별에 따라서, 부위에 따라서, 사회적으로 바람직한 털의 기준이 다른 셈이다.

　사실 머리카락이든 몸의 털이든, 털을 가꾸는 행위는 너무 사적이고 사소해 보여서 굳이 '연구'의 주제가 될 수 있을까 싶다. 그러나 그건 편견이다. 인류학에서는 20세기 초반부터 한 사회의 문화를 이해하는 상징으로 털의 특성을 연구한 사례가 적지 않았다. 이후에도 페미니즘, 문화정치, 사회학 분야에서 털에 관한 연구가 꾸준히 이어졌다.

　예컨대 권위 있는 국제 학술지 《영국사회학회지》에 실린 1987년 논문 〈수치와 영광: 털의 사회학〉은 털을 둘러싼 영미 문화권의 젠더·정치 이데올로기를 분석한다. 이를테면 히피 문화에서 기득권 엘리트와 이들의 규범을 거부하는 의미로 여성은 인위적 조작을 가하지 않은 생머리, 남성은 장발을 고수했다. 뒤이어 나타난 스킨헤드는 기득권과 중산층, 히피 문화 두 가지 모두를 비판하면서 민머리를 그룹 정체성으로 삼았다. 사회적 엄숙주의와 규범의 전복을 추구하던 펑크족은 성별을 짐작할 수 없는 헤어스타일과 현란한 색깔이 특징이었다. 머리카락 길이와 스타일만으로 특정 집단을 식별해 낼 수 있을 만큼, 그 상징적 의미가 크다. 털은 생물학적 본성보다는 사회적 의미가 크고, 또 이것이 질병 문제는 아닌 탓에 보건학이나 의학 분야에서는 오히려 털에 대한 연구가 적은 편이다.

● **온통 라푼젤**

이제 신비로운 털의 세계에 입문해 볼 차례다.

우선 머리카락.

언제부터인가, 도처에 긴 머리 소녀들이 폭주하기 시작했다. 버스와 지하철, 학교 강의실과 학술 토론회, 시민사회 정책 토론회, 하다못해 시위에 나가도 긴 머리 소녀들이 넘쳐난다. 지금도 선명한 기억이 있는데, 몇 년 전 한 언론사가 개최한 국제 콘퍼런스에 갔을 때였다. 세계적으로 저명한 연사들이 나온 덕분인지 콘퍼런스는 입추의 여지가 없었고, 대학생, 대학원생으로 보이는 학생들이 많았다. 나는 청중석의 중간쯤에 자리를 잡게 되었는데, 내 앞줄에 단체 참석으로 추정되는 50여 명의 여학생이 앉아 있었다. 그런데 그들은 예외 없이 긴 머리를 풀어 헤쳐 등 뒤로 늘어뜨리고 있었다. 나는 약간의 공포마저 느꼈다. 단정하게 늘어뜨린, 똑같이 생긴 50개의 생머리가 줄 맞춰 앉아 있는 모습은 일본 공포 영화의 한 장면 같았다.

　　이즈음 긴 생머리에 대한 또 다른 문화 충격도 있었다. 우리 연구소가 지역사회 시민단체들과 함께 준비한 지역 아동센터 어린이 여름 캠프 행사였다. 당시 캠프 진행을 도와주러 간호대 학생 여러 명이 자원봉사자로 참여해 주었다. 그런데 그 더운 여름날, 그것도 물놀이 캠프에 이들 모두가 긴 머리를 늘어뜨리고 나타난 것이다. 어안이 벙벙했다. 캠프 둘째 날이 되어서야 여학생들은 체념한 듯 하나둘씩 머리를 묶기 시작했다. 캠프 운영진으로 참가했던 동료는 '속이 뻥 뚫리는 느낌'이었다고 표현했다. 우리는 이것이 혹시 세대 차이인가 궁금했다. 사실 우리가 학생이던 시절에도 긴 생머리에 대한 페티시는 존재했다. 그러나 이 정도로 긴 생머리를 늘어뜨리고 다니는 여학생이 흔하지는 않았다. 그렇기에 더욱 눈에 띄고 특별한 존재로 여겨졌던 것 같다.

—

그저 느낌적 느낌이 아니라, 젊은 여성들의 긴 머리 선호는 한국 사회에 실재하는 현상이다. 전국 단위의 엄밀한 통계 자료는 없지만, 200여 명의 수도권 여성을 대상으로 한 설문 조사에 따르면 '어깨 이상 긴 머리'에 대한 선호 정도가 20대에서는 60%, 30대 38.8%, 40대 13.3%, 50대 10%로 나타났다. 지방 대도시의 30~50대 직장 여성 300여 명을 대상으로 시행한 조사에서도 '어깨 이상 긴 머리'에 대한 선호는 30대 38.8%, 40대 11%, 50대 2.3%로, 숫자는 다르지만 젊은 세대의 긴 머리 선호를 분명히 보여 준다.

한 인터넷 커뮤니티에서 남자들을 대상으로 '이상적인 여자의 머리 길이'에 대한 간이 설문 조사를 벌인 적도 있다. 이 글은 조회 수가 37만 회에 이르는데, 가장 선호도가 높은 머리 길이는 겨드랑이 아래로 등의 대략 중간까지 내려오는 길이였다.[7]

여성의 헤어스타일은 '트렌드'라는 이름으로 계속 변해 왔다. 옛날 패션 잡지나 영화에 등장하는 남성의 헤어스타일에서 지금과 큰 차이를 느끼지 못하지만, 여성의 헤어스타일은 낯설거나 심지어 우스꽝스러운 경우도 많다. 시대마다 유행하는 스타일링이 다르기 때문이다. 오늘날 젊은 한국 여성들이 긴 머리를 단발로, 쇼트커트로 자르는 것이 용감한 '탈코' 행위로 간주되

—

는 것은 역설적으로 현재 긴 머리 숭배 문화가 얼마나 강력한지를 보여 준다. 이전보다 대중문화의 영향력이 훨씬 강력해졌고, 특히 여성 아이돌 그룹의 외모가 표준으로 자리 잡았다는 점이 중요한 요인이 아닐까 생각한다.

● 감출 자유, 드러낼 자유

물론 여성의 긴 머리에 대한 페티시는 한국 사회만의 것은 아니다. 많은 문화권이 여성의 긴 머리가 섹시하고 여성적이라는 믿음을 갖고 있다. 서구 문화에서 긴 머리카락의 매력은 마리아 막달레나, 라푼젤, 로렐라이 전설까지 거슬러 올라간다. 밀턴의 『실낙원』에서 이브의 매력은 삼단같이 길면서 약간 헝클어진 금빛 곱슬머리로 표현된다. 이렇게 머리카락이 가지는 상징성이 크기 때문에 1960~70년대 서구 페미니스트들은 미스아메리카 선발대회 반대 시위에서 헤어 롤, 속눈썹, 가발을 '자유 쓰레기통'에 던지는 퍼포먼스를 벌이기도 했던 것이다.

그러나 바로 이런 점, 여성의 머리카락이 섹시함과 여성성을 상징한다는 점 때문에 가려져야 하는 경우가 있다. 이를테면, 가톨릭에서 미사 중에 여성들이 사용하는 베일은 성경에 바탕을 두고 있다. 성경은 "모든 남자의 머리는 그리스도이시고 아내의 머리는 남편이며 그리스도의 머리는 하느님이시라는 사실을 여러분이 알기를 바랍니다(1고린 11,3)"라면서, "어떠한 여자든지 머리를 가리지 않고 기도하거나 예언하면 자기의 머리를 부끄럽게 하는 것(1고린 11,5)"이라고 이야기한다. 가톨릭에서는 이것이 남녀 차별보다는 하느님께 대한 경외와 존경을 표시하라는 의미라고 해석한다. 남자의 머리는 그리스도이니까 성당 안에 들어서면 모자를 벗어 이를 드러내야 하고, 여성의 머리는 남편을 의미하니까 신 앞에 정숙함과 겸손함을 나타내기 위해 화려하게 치장된 머리를 가려야 한다는 것이다.[8] 모든 종교적 컬트에는 각자의 독특한 교의가 있고 경전이 쓰인 시대상을 반영한다지만, 이것이 오늘날에도 남녀 차별이 아니라는 해석은 이해하기 어렵다.

이슬람 문화권의 히잡은 좀 더 복잡하다. 히잡은 한동안 여성 억압의 상징으로 간주되었고, 히잡을 벗는 것이 여성해방이라고 생각하기도 했다. 그러나 이러한 시각이 고유한 문화적 전통이자 하나의 패션 기호로 자리 잡은 히잡의 속성을 이해하지 못한 서구의 문화식민주의라는 비판도 있다. 히잡을 옹호하는 이들은 이것이

33

개성을 드러내는 패션 아이템이며, 머리치장을 안 해도 돼서 오히려 편하고, 남성들의 시선으로부터 자유롭게 해 준다고 이야기한다. 히잡을 벗으라고 강요하는 것 또한 자유의 침해라는 것이다. 그러나 최근 이란에서는 히잡을 벗을 자유를 얻기 위해 싸우는 여성들이 생명의 위협을 당하고, 이들을 옹호한 여성 인권 변호사가 징역 33년형과 148회의 채찍질형을 선고받는 일이 벌어졌다.[9] 이렇게 히잡 착용을 강제하는 국가법에 맞서 목숨을 걸고 투쟁하는 여성들이 존재하는 상황에서, 내가 좋아서 쓰는 패션 아이템이니 상관 말라는 이야기는 어쩐지 마음이 편치 않다.

사실 머리카락이 길면 어떻고 짧으면 어떤가? 가리면 어떻고 또 드러내면 어떤가? 본인의 취향과 미적 감각에 따라 자유롭게 선택할 수 있는 것이기만 하다면! 머리가 길거나, 베일, 히잡으로 머리를 가린 여성이라고 모두 젠더 고정관념의 '꼭두각시'인 것도 아니고, 진정한 페미니스트라면 반드시 머리가 짧아야 하는 것도 아니다.

현실은 복잡하다. 한편에서는 '탈코'의 실천으로 용기를 내서 머리를 자르고, 때로는 생명과 안전을 걸고 히잡을 벗는 이들이 있다. 또 다른 한편에는 남성들의 관음적 시선과 '시선 강간'을 피하기 위해 머리를 짧

—

34

게 자르는 이들 혹은 머리를 가리는 이들도 있다. 제도에 의해서 혹은 사회적 압력에 의해서 특정한 헤어스타일을 강요받는 것도 부자유이고, 남성들의 관음적 시선을 피하고자 '자발적으로' 특정 헤어스타일을 선택하는 것도 자유라기보다는 부자유에 가깝다.

● 털, 시뮬라크르의 세계

머리카락처럼 한눈에 알아볼 수 있는 것은 아니지만, 체모 또한 마이크로 수준에서 촘촘한 사회적 감시와 관리가 작동한다. 이 또한 당대의 규범을 따르지 않았을 때, 사람들을 당혹스럽게 만들거나 스스로 굴욕을 당할 수 있다.

역사적으로 여러 문화권에서 다양한 부위를 제모하는 전통이 있었다고 한다. 고대 그리스나 이집트, 남아메리카, 우간다 등이 그렇다. 그러나 오늘날 여러 사회에서 관찰되는 털 관리에 대한 '집착'은 남다른 구석이 있다. 한국에서도 언제부터인가 여성의 다리털이나 겨드랑이털을 없애는 것이 거의 표준처럼 자리 잡았다. 매끈한 다리에 숭숭한 털은 어울리지 않는 불청객이고, 스타킹 사이로 삐져나오는 털은 주책이다. 겨드랑이털

은 더욱 심하다.

몇 년 전 영화 〈러브픽션〉에서 배우 공효진 씨의 풍성한 겨드랑이털을 보고 상대 남자 배우가 깜짝 놀라는 장면이 화제가 되었다. 아이러니하게도 이 털은 공효진 씨 본인의 것이 아니라 분장팀에서 붙인 가짜 털이었다. 이 상황은 잘 짜인 포스트모더니즘 부조리극처럼 보인다. 여성 배우는 원래 있던 자신의 털을 밀고 가짜 털을 붙였다. 극 중 남배우와 관객들은 원래 진짜 털이 있었어야 할 자리를 차지한 가짜 털을 보고 마치 새로운 외계 문명이라도 마주친 양 깜짝 놀라는 모습을 보인다. 여성 배우는 가짜 털을 통해 망가짐을 두려워하지 않는 연기 열정이라며 대중의 칭찬을 받는다. 중요한 것은 이 털이 가짜라는 점이다. 만일 여성 배우가 진짜 털을 내보였다면, 아니 진짜 털은커녕 제모의 흔적이 남아 있기만 해도 비난의 대상이 된다.

아마도 가장 유명한 '겨털 스캔들'의 피해자는 줄리아 로버츠일 것이다. 1999년 로맨틱 영화 〈노팅힐〉 개봉 행사에서 사랑스럽고 우아한 여인의 대명사 줄리아 로버츠가 팬들에게 손을 흔들다 민소매 사이로 겨드랑이털이 노출되는 '사건'이 일어났다. 내가 왜 지구 반대편 여자 배우의 겨드랑이털 소식까지 뉴스로 봐야 하는지 의문이었지만, 이는 미국 패션 잡지에 비난 논설이 실릴 만큼 커다란 스캔들이었다. 진짜는 비난받고 가짜는 칭송받는 사회. 가짜가 진짜를 압도하는 현대 사회를 설명하기 위해 '시뮬라크르'라는 개념을 사용한 장 보드리야르도 이런 상황은 예상 못 하지 않았을까?

● 제모, 그 은밀하고도 사회적인 실천

한때 서구 사회에서 다리털, 다듬어지지 않은 눈썹, 제모하지 않은 겨드랑이털은 페미니즘과 평등주의 이데올로기의 심볼이었다. 이는 오늘날에도 유효하다. 강하고 활동적인 여성의 이미지를 내세우는 스포츠용품 광고, 전위적 예술 작업에서 여성의 털은 전복적 소재로 활용된다. 이는 털에 대한 젠더 규범이 여전히 강력하다는 것을 역설적으로 드러낸다.

국내에서는 얼마나 많은 이들이, 어느 부위에, 어떤 방식으로 제모를 하는지에 대해 신뢰할 만한 조사 자료가 없다. 서구에서는 지난 20년간 인체의 털 관리가 정교한 젠더 규범을 구현하는 사회적 행동이라는 점을 지적하는 연구 논문들이 지속적으로 발표되었다. 미국에서도 20세기 초반에는 다리나 겨드랑이털을 제모하는 여성이 많지 않았다고 한다. 아마도 여성의 신체

—

노출이 오늘날처럼 많지 않았기 때문에 제모의 필요성 자체가 없었을 것이다.

하지만 오늘날 서구 사회의 통계조사 결과를 보면, 여성의 80%, 많게는 100%가 주기적으로 다리나 겨드랑이털을 제거하는 것으로 확인된다. 남성의 제모도 점차 흔해지고 있어서 대략 30~50%가 다리와 겨드랑이털을 주기적으로 제거한다. 자료를 조사하면서 살짝 놀란 부분은, 겨드랑이나 다리처럼 대중에게 노출되는 부위가 아님에도 음모(pubic hair)를 다듬거나 제모하는 비율도 상당하다는 점이다. 미국에서 2013년에 성인 남성 4천여 명을 대상으로 조사한 결과, 약 50%가 주기적으로 음모를 다듬었으며, 특히 나이가 젊을수록 그 비율은 높아졌다. 여성 3,300여 명에 대해서도 똑같은 조사가 이루어졌는데, 83.8%가 음모를 다듬는 것으로 나타났고, 역시 나이가 젊을수록 그 빈도가 높아졌다.

여러 설문 조사들에서 남녀 응답자들은 제모가 사적인 행동이라 공개적으로 이야기하는 경우는 별로 없다고 했지만, 이것이 사회적 영향에서 비롯된 것임은 쉽게 확인할 수 있다.

뉴질랜드 조사에서 여성은 평균 13세, 남성은 약 17세에 다리와 겨드랑이 제모를 시작하는 것으로 나타났다. 여자 청소년들은 특별한 이유나 동기가 있어서라기보다 너무 당연하기에 의문조차 갖지 않고 제모를 시작한다고 했다. 이는 엄마나 자매, 친구들의 '엄격한 감시' 속에서 습관으로 굳어진다. 제모의 이유를 직접 물어보면, 여성들은 '사회적 규범이기 때문에'(78%), '남성에게 좀 더 매력적으로 보이려고'(46%), '스포츠 활동이나 위생 같은 실질적인 이유'(9%) 등을 언급했다. '자발적으로' 주기적인 제모를 한다는 사람은 5%에 불과했다. 반면 남성은 '새로운 패션 트렌드'(46%)이기에 따른다는 답변이 많았다. 주목할 점은 남성의 경우, 포르노그래피 접촉이 많을수록 제모 비율이 높아졌다는 점이다. 남성의 패션 트렌드와 섹슈얼리티 규범이 어디에서 비롯하는지 짐작케 하는 대목이다.

몸을 덮는 털은 대개 이차성징과 함께 나타나는 성인의 징표이다. 남성의 털이 성숙함, 경쟁력, 공격성을 상징한다면, 여성의 털 없음은 성인 이전의 무해하고 수동적인 상태로의 회귀를 의미하는 것으로 해석된다. 제모에서의 젠더 차이는 바로 이 부분에서 발생한다. 그리고 가장 극적으로 대비되는 것이 음모 다듬기/제모 행위라 할 수 있다. 다른 부위의 털이 대중에게 드러난다면 음모는 본인이나 친밀한 파트너에게만 드러난다는 점에서 섹슈얼리티의 통제와 관련한 중대한 상

—

징이 될 수 있다.

앞서 살펴본 미국의 통계에서 여성이 남성보다 음모 다듬기나 제모를 많이 하는 것으로 나타났는데, 제모 이유에도 성별 차이가 있었다. 남성의 음모 다듬기/제모는 성관계에 대한 준비 단계로 이루어지는 경우가 많았다(73%). 특히 구강성교를 선호하는 이들에게서 음모 다듬기/제모 비율이 높았다. 여성의 경우에는 특정한 성교 행태보다는 '파트너의 선호'가 결정적인 요인이었다. 그러나 이것이 반드시 실제 파트너의 선호를 의미하는 것은 아니었다. 여성들은 현재 파트너뿐 아니라 (현실에 존재하지 않는) '잠재적' 파트너에게 매력적으로 비칠 것을 기대하며 제모를 하는 듯이 보였다. 그런데 뉴질랜드에서 남녀 상대 성별에 대한 체모의 승인 정도를 실제로 조사한 적이 있다. 그 결과를 보면 정작 남성은 여성의 음모에 대해 그다지 부정적이지 않았다. 이런 면에서 여성의 음모 다듬기/제모는 남성 요구에 대한 직접적 부응이기 이전에, 스스로 가상의 남성 시선을 내면화한 행동이자, 스스로에 대한 '성적 대상화'로 볼 수 있다.

최근 남성들 사이에서 '그루밍'이 트렌드가 되어 가고 있다. 잇따른 남자 연예인들의 마약 스캔들을 통해서 우리 사회에 전신 제모가 유행하고 있다는 것을 뒤늦게 알게 되었다. 그러나 여전히 남성의 털에 대해서는 긍정적 인식과 부정적 인식이 동시에 존재하며 선택의 여지도 크다. 겨드랑이와 가슴의 털을 드러내며 한껏 '짐승남'의 매력을 과시할 수도 있고, 깔끔하게 다듬어진 다리로 '꽃미남'의 매력을 뽐낼 수도 있으니 말이다. 여성이 털을 드러내며 야성적인 모습을 과시한다? 그녀가 설 곳은 여성의 못난 외모와 망가짐을 희화화하는 철 지난 코미디 무대밖에 없다. 이래도 여성의 털 관리가 사사로운 개인의 선택이라고 말할 수 있을까?

눈

'눈은 마음의 창'이라는 표현은 여성에게 특히 잘 들어맞는 것 같다. 안쪽에서는 이 창을 통해 세상을 내다보고 읽어 내야 하는데 자꾸만 장애물에 의해 가려지고, 바깥쪽에서는 지나는 사람마다 창틀이 예쁘네 마네, 커튼이 어울리네 마네 잔소리를 한다는 점에서 그렇다.

　눈은 창조론자들이 진화론을 부정하는 주장을 할 때면 단골로 등장할 만큼 매우 복잡한 기관이다. 이토록 정교하고 신비한 구조가 (창조자의 설계도 없이!) 진화에 의해 저절로 만들어졌을 리는 없다는 것이 그들의 주장이다.

　드높은 창공에서 토끼 한 마리의 움직임을 꿰뚫어 볼 수 있는 독수리만큼은 아니지만, 인간은 눈을 통해 세상을 배우고, 더구나 문자를 통해서 더 넓은 세상을 보게 되었다. 지금은 안경이나 렌즈, 수술을 통해, 혹은 점자나 음성서비스 등의 기술 덕분에 시력에 제한이 있

—

는 사람도 완벽하지는 않지만 어느 정도 일상생활을 이어 갈 수 있다. 하지만 예전에는 그렇지 않았다. 몸이 천 냥이면 눈이 구백 냥이라는 속담이 괜히 나온 게 아니고, 효녀 심청이 인당수에 몸을 던져서라도 구해야 할 만큼 눈은 소중했다. 선명하게 잘 보는 기능을 만족시킨다면 눈으로서의 제 역할을 다 하는 것일 테지만, 현실에서 눈에 대한 기준은 '눈이 너무 높다'.

● 안경 쓴 여자 싫어요

나는 초등학교 2학년 때부터 안경을 쓰기 시작했다. 가까운 곳의 초점을 잘 맞추지 못하는 원시(遠視)였기 때문에 처음부터 볼록렌즈를 사용했고, 콘택트렌즈를 사용한다든가 라식/라섹 수술을 할 수도 없었다. 물론 안경이 불편한 순간들이 있었다. 운동을 할 때, 라면 먹을 때, 3D 영화를 보기 위해 색안경을 써야 할 때, 무엇보다 겨울철 따뜻한 실내에 들어갔을 때가 그랬다. 하지만 이젠 그야말로 내 몸의 일부가 된 느낌이라 그러려니 하면서 살고 있다. 학교 다니는 동안, '안경잡이'가 소수파라고 느낀 적은 한 번도 없었다. 중·고등학교, 특히 의과대학에서는 안경을 쓴 사람이 쓰지 않은 사람보다 많았기 때문이다. 물론 내 또래는 대부분 근시였지만 말이다.

그런데 대학을 졸업하고 시간이 흐르면서 주변의 안경 동지들이 하나둘 안경을 벗기 시작했다. 어느 순간 정신을 차리고 보니 텔레비전에도 백화점, 공항, 비행기에도 안경 쓴 여자들이 보이지 않았다. 아무리 안경이 불편하다지만, 이렇게 몽땅 사라져 버릴 수가 있나? 그렇게 불편한 도구라면 왜 여러 남성 연예인들은 안경을 '트레이드마크'처럼 활용하고 있을까? 남성 코미디언 유재석은 예능 프로그램에서 안경을 벗어 던짐으로써 큰 웃음을 주고, 여성 배우는 드라마 속에서 뽀글거리는 파마머리에 커다란 뿔테 안경으로 가짜 못난이 행세를 하다가 안경을 벗고 극적으로 등장함으로써 사람들의 감탄을 자아낸다.

뉴스 프로그램의 여자 아나운서가 안경을 쓰고 방송에 나온 모습이 세간의 화제가 된 것이 놀랍게도 바로 작년 일이다. '그런 용기는 어디서 나왔냐'는 질문이야말로 이 문제의 본질을 잘 보여 준다. 샤우론의 손아귀에서 절대반지를 되찾아온 것도 아니고, 전문 직업인으로서 그저 안경 하나 썼을 뿐인데 '용기'라는 말이 등장했다. 가장 신뢰받는 언론인으로 매년 꼽히는 손석희

—

아나운서의 경우, 젊은 시절부터 안경 벗은 모습을 한 번도 본 적이 없다. 사실 그의 안경은 명석하고 냉철한 이미지에 크게 기여했다.

> "여러 언론에서 전화가 많이 왔어요. 진보 언론뿐만 아니라 보수까지 '좌우'를 가리지 않고 전화 인터뷰를 요청했어요. 거의 여성 기자 분이셨어요. (웃음) '보수적인 방송국에서 어떻게 그런 시도를 했나' '신선했다' '그런 용기는 어디서 나왔나'를 물었어요. 친구들한테도 메시지를 진짜 많이 받았어요. 신기했던 건, 외국에서도 뉴스가 됐나 봐요. 프랑스 〈르몽드〉에서도 다뤘다고 친구가 얘기해 줬어요. 일본에서도 포털 1위에 올랐다고 해요. 홍콩, 태국뿐만 아니라 아랍에서도 화제가 됐다고 했어요."
>
> – 임현주 아나운서의 한겨레 인터뷰 (2018년 6월)

항공사 승무원들에게 안경 착용을 허용하는 '전향적' 지침이 제시된 것도 작년이다. 이렇게 화제가 되기 전까지 많은 사람이 안경 쓴 여자를 보기 어렵다는 사실 자체를 깨닫지 못하고 있었다. 동계올림픽 컬링 종목에서 김은정 선수가 안경 너머로 형형한 눈빛을 쏘아대는 장면을 보고 나서야 안경 쓴 여성의 눈을 있는 그대로 받아들일 수 있었다.

일련의 안경 커밍아웃이 이어지면서 사람들은 안

경이 암묵적으로, 혹은 지침에 의해서 공식적으로 여성 노동자들에게 금지되고 있음을 알게 되었다. 공양미 삼백 석을 내놓으라는 것도 아니고, 겨우 안경 하나 쓰겠다는데 그마저도 내 맘대로 못 하게 하는 세상이라니!

그뿐만 아니다. 첫인상을 좌우하는 눈에 부여하는 미의 기준이 너무 높다. 그래서 많은 기술과 상품들이 개발되어 있다. 눈이 커 보이기 위한 쌍꺼풀 시술, 눈동자를 크고 짙게 만들어 주는 서클렌즈, 눈동자의 색깔을 매력적으로 바꿔 주는 컬러렌즈, 어려 보이기 위한 애굣살 만들기와 보톡스 시술, 또렷한 눈매를 위한 트임 시술과 속눈썹 붙이기, 심지어 젊어 보이기 위한 흰자위 미백까지. 이 과정에서 생겨나는 건강 부작용은 오롯이 당사자가 감당해야 할 몫이다. 이쯤 되면 세상을 내다보고 사람을 들여다보는 창문으로서의 본래 기능보다는, 창틀의 장식과 커튼의 디자인이 주인공이라 할 만하다.

그래도 저개발국가의 여성들이 마주한 어려움에 비하면 이 정도는 배부른 소리일지도 모른다.

백내장은 수정체가 혼탁해져 시력을 잃는 질환으로, 노화나 잦은 자외선 노출이 흔한 원인이다. 인공 수정체로 교체하는 수술이 비교적 안전하고 간단하기 때

—

문에 어지간한 나라에서는 중요한 공중보건 문제가 아니다. 한국에서도 백내장 수술은 노인들이 가장 많이 받는 수술 중 하나이고, 당연히 건강보험도 적용된다.

하지만 가난한 나라에서는 사정이 다르다. 이런 곳에서는 백내장 수술 빈도가 의료 이용에서 젠더 불평등을 평가하는 중요한 잣대가 된다. 백내장은 남성보다 여성에게서 흔하기 때문에 여성의 수술 건수가 더 많은 것이 당연하지만, 가난한 나라들의 경우, 백내장 수술을 받는 비율이 여성보다 남성에서 30~40%가량 높다. 세계보건기구는 만일 저개발국가의 여성들이 남성과 같은 수준으로 백내장 수술을 받을 수 있다면 백내장으로 인한 실명 빈도가 약 12% 정도 줄어들 것이라고 추정했다.

여성들이 백내장 수술을 받기 어려운 이유는 우리가 짐작할 수 있는 대로다. 집안의 경제 사정이 어렵거나, 혹은 여성들이 가정 내 지출을 결정할 권한이 없기 때문이다. 또한 농촌이나 산간 마을에 사는 여성이 도시의 병원까지 수술을 받으러 나가는 것 자체가 어렵고, 무엇보다 여성의 백내장 수술에 부여하는 사회적 가치가 다르기 때문이다.

● 보는 주체, 보이는 객체

뭐니 뭐니 해도 눈과 관련하여 가장 중요한 것은, 여성이 '보는' 주체가 아니라 '보이는' 객체라는 점이다. 에두아르 마네의 작품 〈올랭피아〉를 둘러싼 논란은 이를 잘 드러낸다. 1863년 마네는 이 작품을 발표하고 나서 음란하고 상스럽다며 갖은 욕을 다 먹었다. 그러나 그동안 여성의 벗은 몸을 그토록 다양하게 변주해 왔던 서양 미술사를 돌이켜보면 말도 안 되는 비판이다.

르네상스 이후 그려진 수많은 누드화의 주인공은 압도적으로 여성이 많다. 그리고 이들은 얼토당토않은 시간과 장소에서 헐벗고 등장한다. 신이나 귀족, 혹은 신사의 모습을 한 남성들은 멀쩡하게 옷을 입었는데, 그 옆의 여자만 홀러덩 벗고 있는 경우도 많다. 이런 그림에 등장하는 헐벗은 여성들의 시선은 대개 남성 등장인물을 향하거나, 관객 쪽을 향하더라도 지긋이, 혹은 자세를 돌려 살짝 흘겨보는 것이 일반적이다. 관객들은 그동안 이러한 '시선'을 딱히 인식하지 못했다.

그런데 〈올랭피아〉에서는 홀딱 벗은 여자가 대놓고 관객을 정면 응시하고 있다. 이 그림이 당대 사람들을 불편하게 했던 것은, 그림 속 올랭피아가 옷을 안 입고 있어서도 아니고, 그녀가 '창녀'이기 때문도 아니다.

그녀가 관객을 (감히!) '빤히' 쳐다보고 있기 때문이다. 보는 주체가 아니라 보이는 객체, 시선의 주인공이 아니라 관음의 대상이어야 할 여성이 몹시 주제넘은 행동을 한 것이다. 관객, 남성이 대부분인 비평가들이 당황스럽고, 모욕당한 기분이 든 것은 어쩌면 당연하다.

영국의 비평가 존 버거(John Berger)는 『다른 방식으로 보기』에서 〈올랭피아〉를 예로 들며 '시선'의 문제를 이야기한다.

"남성은 여성을 바라보고, 여성은 바라보이는 존재로서 자신을 관찰한다. 이는 대부분의 남성-여성 관계를 결정지을 뿐 아니라, 여성이 스스로와 맺는 관계에도 영향을 미친다. 그녀 안에 있는 여성의 탐구자는 남성이고, 탐구되는 자는 여성이다. 이렇게 해서 그녀는 자신을 객체, 특히 시선의 객체, 볼거리로 전환시킨다."

현실에서 여성은 눈을 빼앗길 뿐 아니라 남성의 눈으로 자신을 바라보고, 또 그 시선을 만족시킬 수 있도록 몸을 변화시킨다. 시집살이라는 극한 직업을 '봉사 3년, 벙어리 3년, 귀머거리 3년'이라고 표현하던 시절이 있었다. 눈이 있어도 볼 수 없는 주체, 입이 있어도

———

52

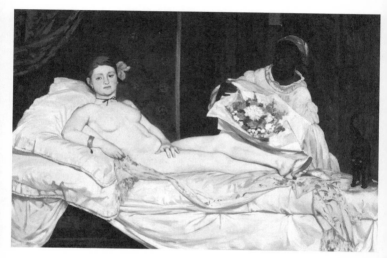

〈올랭피아〉에두아르 마네, 1863

말할 수 없는 주체, 귀가 있어도 듣지 못하는 주체, 철저하게 객체화된 삶의 본질을 신랄하게 보여 준다. 이 대목에서 약은 약사에게, 진료는 의사에게. 그리고 눈은 눈의 주인에게 돌려주자는 이야기를 하지 않을 수 없다.

피부

교과서대로 이야기하자면, 피부는 인간의 겉 부분을 감싸고 있는 조직이다. 2007년 한국 성인에 대한 조사 결과에 따르면, 남성의 피부 면적은 $1.68\,m^2$, 여성은 $1.55\,m^2$로, 펼쳐 놓으면 한 평($3.3\,m^2$)도 채 안 된다. 피부는 표피와 진피, 피하조직의 3개 층으로 구성되어 있으며, 대부분의 피부에는 땀샘과 모낭이 있고, 멜라닌 색소 때문에 고유한 색을 갖는다. 피부는 인체가 환경과 접하는 1차 방어선이다. 외부 병원체의 침입을 막는 물리적 방어막이자 면역 기능을 수행하며, 수분 손실 방지, 단열과 체온 조절 기능을 갖는다. 촉각과 온도를 감지하는 감각기관이자 비타민 D 생성 같은 중요한 역할도 한다. 피부의 일부분인 손톱은 대부분의 영장류에서 관찰되며 알파 케라틴이라고 하는 단단한 단백질 성분으로 구성된 일종의 껍질에 해당한다. 이는 손가락의 말단을 보호하는 역할을 할 뿐 아니라, 손가락의 정교한 움직임과 민감한 촉각을 가능하게 만들어 준다.

—

자, 여기까지!

뇌나 심장에 비하면 꽤나 단순하고, 생과 사를 가르는 중요한 장기도 아닌 이곳. 그러나 피부는 여성의 몸이 사회와 만나는 최전선이다. 여성의 피부는 하얗고 매끄럽고 촉촉해야 한다. 자연스럽고 과도하지 않은 화장은 필수. 손발톱은 적절한 길이와 색깔로 깔끔하게 다듬어져 있어야 한다.

● 엄격한 기준을 준수하라

몇 년 전 미국 대학에서 노동자 건강권을 연구하는 노교수가 한국을 찾았을 때 길 안내를 도운 적이 있다. 그는 차창 밖으로 보이는, 얼굴과 팔을 꽁꽁 싸매고 걷기 운동 중인 여성들을 가리키며 낮은 목소리로 물었다. 한국에 와서 저렇게 하고 다니는 여성들을 여러 명 봤는데, 혹시 한국에만 있는 특별한 피부 질환이냐고 말이다. 햇볕에 탈까 봐 그런 거라고 설명해 주니 허탈해했다. 나이 칠십이 넘은 미국 교수 눈에 무척이나 신기한 광경이었나 보다. 사실 해외 관광지에서도 맑은 날씨에 양산 쓰고 다니는 여성들은 대부분 일본인 아니면 한국인이다. 하얀 피부에 대한 우리 사회의 강박은

실로 엄청나다. 다른 나라와 비교할 때 한국 여성의 비타민 D 결핍률이 상대적으로 높은 점, 햇빛이 강한 여름철에 혈중 비타민 D 농도가 오히려 낮아지는 점은 실외 활동 부족과 햇빛 노출을 기피하는 현상 때문으로 추정된다. 옛 문헌들이 미인을 묘사하는 내용으로 보아 하얀 피부에 대한 열망은 딱히 서구에 대한 동경 때문이라고 보기도 어렵다. 사실 하얀 피부는 논밭이나 야산에서 종일 험한 노동을 하지 않아도 되는 여유로운 생활을 보증하는 유구한 계급 지표라고 할 수 있다. 그 결과는 비타민 D 부족이지만.

그러나 피부 색깔이 하얀 것은 그야말로 기본 중의 기본일 뿐, 피붓결과 탄력도 중요하다. 여드름이나 뾰루지, 주름, 각질, 모두 피해야 할 악덕이다. 특히 피부 노화는 절대악에 가깝다. 전 세계적으로 가장 크게 성장하는 분야가 '안티에이징' 스킨케어이고, 미국에서는 성형수술도 리프팅이나 주름살 제거 같은 안티에이징 부문의 성장세가 가장 크다고 한다. 국내에서는 안티에이징을 기능으로 하는 가정용 미용 기기 시장이 이미 5천억 원 규모에 달했다는 뉴스가 있었다.

이런 사회 속에서 나는 외모 가꾸기에 대한 압력이 거의 없는 가족, 학교, 일터를 만나 꾸밈노동에 거의 노력을 들이지 않으며 살아왔다. 지배적인 미의 표준에

저항하는 열혈 페미니스트였기 때문이 아니라, 그냥 별 생각이 없었고 운 좋게도(!) 뭐라는 이들이 주변에 없었던 덕이다. 심지어 30대 이전까지는 로션이나 선크림도 거의 바르지 않는 '자연인'으로 지냈다. 수련의, 전공의 시절에는 피곤에 찌든 얼굴에 '버짐'이 허옇게 핀 채로 돌아다니기 일쑤였다. 하루는 회의 자리에서 지도교수가 내 얼굴을 물끄러미 쳐다보다가 '시위하는 거냐?'고 물은 적도 있다. 의도한 것은 아니었지만 어쩌다 보니 시위는 시위였다. 사회적으로 요구되는 규범을 벗어나, 작금의 노동환경을 고발하는 몸짓인 것은 분명했으니 말이다. 하지만 나의 경험은 한국 사회에서 매우 예외에 속한다. 지금 대부분의 한국 여성들은 자발적으로 혹은 어쩔 수 없이 매일 화장을 한다.

연구를 해 보지 않아도 여성들이 화장하는 이유는 짐작할 수 있다. 그리고 실제 연구에서도 예상할 수 있는 결과가 도출된다. 미국에서 직장에 다니고 있는 다양한 연령대와 인종의 여성을 심층 면담한 결과에 의하면, 여성들에게 출근길 화장이란 루틴이자 습관, 거의 무의식 행동에 가까운 것이었다. 회사에서 반드시 화장을 해야 한다고 못 박아 둔 것도 아니고, 화장을 할지 말지 여부는 각자의 선택이라고 참가자들은 이야기했다. 그러나 면담의 이면을 들여다보면, 사정은 조금 복잡하다. 면담 참여자들은 하나같이 화장하지 않았을 때 나타날 수 있는 부정적 결과를 의식하고 있었고, 각자 이와 관련된 경험들이 있었다. 공통으로 언급하는 이유는 건강하고 활기차 보이기 위해서였다. 특별히 더 예뻐 보이기 위해서라기보다는, 화장을 안 하고 출근하면 주변 동료들이 애정 어린(?) 목소리로 어디 아픈 거 아니냐, 무슨 일이 있냐고 물어보기 때문에 이를 피하고 싶다고 했다. 또한 잘 정돈된 외모는 스스로에게 사람들 앞에 나설 준비가 되었다는 확신을 주기도 한다.

한편 화장은 이성애가 지배적인 사회에서 여성성을 드러내는 장치이기도 하다. 직종을 불문하고 '여성적'인 것이 암묵적으로 요구되는 분위기 속에서 화장을 하지 않는 것은 그 자체로 젠더 질서를 어지럽히는 행위가 된다. 그뿐만 아니라 화장 자체가 업무 능력에 신뢰를 보태 주기도 한다. 예컨대 너무 과하거나 어려 보이는 화장은 전문 직종에 어울리지 않으며, 적절한 메이크업은 경쟁력의 하나로 간주한다. 사실 이런 종류의 '분위기'는 업무 규칙에 명문화되어 있지 않더라도 어느 정도 제도적으로 작동하기 때문에 개인이 저항하기란 쉽지 않다.

여기에서 더 나아가 피부 관리와 화장이 규정으로 정해져 있는 일터도 있다. 다음 표에 소개한 사례들은 구직 정보를 공유하는 웹사이트에 올라온 특정 분야의 '화장 팁'이나 언론을 통해 보도된 용모 관리 지침들이다. 정도의 차이가 있을지언정, 인위적 노력을 들여서 반드시 화장을 해야 하되, 그 화장이 과하면 안 된다는 점이 공통점이다. 푸코는 몸이 권력 관계 표현과 재생산의 핵심 장소라는 점을 지적한 바 있다. 자기 검열과 매일의 훈육적 실천을 통해 사회적 지위와 권력을 내면화하고 재생산하며, 자신의 몸을 만연한 지배/피지배 관계의 재현으로 전환한다는 것이다. 그런데 한국 일터의 외모 관리 방식은 굳이 푸코의 '권력 내면화' 개념까지 들먹일 필요도 없다. 그냥 직접적으로 강제되고 있으니 말이다.

■ 직종별 용모 관리 지침

직종	기준
호텔리어	화장: 인조 속눈썹, 짙은 아이섀도, 짙은 립스틱은 피한다. 손과 손톱: 늘 청결하게 유지하고 과한 네일아트, 매니큐어는 금물이다. 매니큐어를 허용하는 경우라면 연한 베이지나 핑크색을 발라야 하고, 표면이 벗겨져서 지저분해지는 일이 없도록 한다.

항공기 승무원	손톱: 언제나 매니큐어를 발라야 하며, 색깔은 누드 톤이나 핑크 계열. 손톱 길이는 손끝으로부터 5mm 이내로 유지하고 짧은 손톱의 경우 반드시 투명 매니큐어를 바른다. 손톱의 큐티클 제거.
면세점 판매직	화장: 생기 있는 느낌을 줄 수 있도록 블러셔를 발라야 하며, 입술도 칠하고 아이섀도는 뚜렷한 인상을 줄 수 있도록 한다. 손톱: 손톱은 짧게 유지하고 네일아트는 금지. 투명 매니큐어만 가능.
여자 의사 (대학병원 의료인 용모 매뉴얼)	화장기 없는 얼굴은 건강하지 않게 보이므로 생기 있는 메이크업으로 나를 단장한다. 립스틱은 누드 톤 또는 너무 진한 색상은 피하고 핑크나 오렌지 계열로 화사하게 연출한다. (마스크 착용 시에는 립스틱이 지워지는 것을 방지하는 틴트 제품을 이용) 웃을 때 돌출되는 뺨 부위를 핑크색이나 오렌지색 블러셔로 생기 있게 표현한다. (남자: 매일 면도해 깔끔한 인상을 준다. 코털이 밖으로 나와 있지 않은지 항시 체크한다.)
마트 계산원	머리는 언제나 망을 써야 하고, 염색을 해서는 안 된다. 화장은 갈색 아이섀도에 빨간색 립스틱만 허용.

● 어린이의 화장과 성애화

화장은 성인 여성만의 문화는 아니다. 남성의 화장품 소비도 증가 일로에 있다. 이러한 열렬한 소비에 힘입어 한국 화장품 시장의 규모는 약 12조 원으로, 세계 10위 안에 드는 순위를 자랑한다.[10] K-beauty 트렌드에 힘입어 효자 수출 품목이기도 하다.

한 가지 눈여겨보아야 할 것은 화장, 특히 색조 화장을 하는 나이가 점점 어려지고 있다는 점이다. 2017년 녹색소비자연대가 전국 초·중·고등학생 4,736명을 대상으로 화장품 사용 실태를 조사한 결과에 따르면, 여자 초등학생의 42.7%, 중학생 73.8%, 고등학생 76.1%가 주기적으로 색조 화장을 하고 있었다.[11]

한 온라인 쇼핑몰에서 '어린이 화장품 세트'를 찾아보니, 6,547개의 상품이 검색된다. 그중 판매 랭킹이 가장 높은 59,000원짜리 세트를 살펴보았다. 이 상품은 '꼬마 숙녀들의 필수 아이템'으로 구성되어 있다. 반짝이는 펄이 '듬뿍' 들어간 네일 제품 한 개와 고광택 고발색의 추가 네일 제품 한 개, 선스크린 로션, 아이스크림 모양의 립글로스, '잡고 싶은 보들보들한 손을 만들어주는' 핸드크림, 네일아트용 스티커, 클렌징 티슈로 구성되어 있으며, 이를 담아 가지고 다닐 수 있는 핑크색

크로스백까지 한 세트였다. 2018년 강남에 오픈한 체험형 코스메틱 전문 매장에는 지하에 어린이용 메이크업 코너를 따로 마련해 두고 있다.

이러한 현상에 대해 어린이를 대상으로 한 과도한 상술이라는 비판, 어린이에게 안전한 제품이냐는 질문이 동시에 제기되고 있다. 그러나 이 문제는 이러한 비판과 우려를 넘어서는 훨씬 심각한 사안으로 바라볼 필요가 있다. 실제로 미국에서는 이를 '아동의 성애화(sexualization)' 현상으로 규정하고 현실적인 대응을 모색 중이다. 예컨대 미국 심리학회는 '소녀들의 성애화에 대한 태스크포스(task force)'를 구성하고, 현황과 기여 요인, 이로 인해 초래되는 문제들을 검토한 보고서를 발간하기도 했다.

이 보고서에서 말하는 '성애화'는 단순히 어린 소녀들이 화장하는 행위만을 일컫는 것이 아니다. 성애화는 어떤 사람의 가치가 다른 특성은 배제한 채 성적 어필이나 행위에서만 비롯된다고 여겨질 때, 육체적 매력이 협소하게 정의된 섹시함으로 등치될 때, 어떤 사람이 독립적 행동과 의사 결정 역량을 가진 개인보다는 성적 대상으로 타인의 성적인 목표에 이용될 때, 개인에게 섹슈얼리티가 부적절하게 부과될 때 일어난다.

—

특히 성적 대상화나 부적절한 섹슈얼리티 부과는 어린이/소녀 성애화의 심각한 문제라 할 수 있다. 부모들은 어린 자녀들이 '자발적으로' 화장품이나 섹슈얼리티가 강조된 옷을 사 달라 조른다고 토로한다. 어린이들은 (그 뜻을 아는지 모르는지) 성적 뉘앙스가 담긴 행동을 하고, 어린 여자아이들의 '섹시 댄스'는 방송의 인기 콘텐츠이다. 여기에는 미디어의 압도적인 영향이 존재한다. 텔레비전, 뮤직비디오, 대중음악의 가사, 영화, 만화, 잡지, 스포츠 미디어, 게임, 인터넷, 광고, 화장품과 여러 소비 상품에서 어린이를 성애화하는 모습은 쉽게 찾을 수 있다.

　미국 심리학회 보고서가 인용한 연구를 보면, 여성을 성적 대상으로 바라보고 신체적 매력에 초점을 두는 것은 꽤나 오래전부터 있었던 일이지만, 최근에 그 경향이 더욱 심해졌다. 이를테면 미국에서 지난 100년 동안 남겨진 소녀들의 일기장을 수집하여 '자기 향상'을 어떻게 기술하고 있는가 분석한 연구가 있다. 이 결과에 따르면 공부를 잘하거나 바르게 사는 것에 대한 이야기들은 점차 사라지고 최근 20년 동안은 거의 전적으로 신체를 가꾸고 외모를 향상하는 것에 내용이 집중되고 있다.

성애화는 소녀들이 자기 스스로를 성적 대상화하여 자신의 몸을 다른 사람 욕망의 대상으로 생각하고 다루게 만든다. 이러한 자기 대상화는 자신의 외모를 끊임없이 의식하고 검열하도록 만드는데, 이는 여러 측면에서 문제를 낳는다.

한 실험 연구에서 남녀 대학생에게 수영복과 스웨터를 입어 보고 평가해 보라고 한 뒤, 대기하는 10분 동안 수학 문제를 풀게 했다. 그랬더니 수영복을 입은 여학생에서만 점수가 유독 낮아졌다. 수학 이외에 다른 종류의 인지 능력을 평가한 실험들에서도 비슷한 결과가 나왔다. 외모에 대한 끊임없는 의식이 한정된 인지 자원을 고갈시키기 때문에 일어나는 현상이라 할 수 있다.

자기 대상화는 신체적 기능에도 영향을 미쳤다. 예를 들면, 여자 중고생들 중에서 스스로를 대상화하는 경향이 강한 학생일수록 소프트볼 게임에서 '전형적인 여자 폼으로' 공을 던졌다. 몸을 최대한 움직여 힘껏 공을 던지지 못했던 것이다. 또한 성애화와 대상화는 자신의 몸에 대한 확신과 안정감을 침식하고, 사회적 미의 표준을 충족하지 못한 것에 대한 수치심과 불만을 갖게 한다. 자신의 외양을 끊임없이 모니터링하면서 모든 것이 제대로 제자리에 있는지 불안감에 빠져든다. 화장이 지워지지는 않았을까 계속 거울을 봐야 하고, 짧은 치마가 올라가지는 않았을까 계속 끌어내려야 하며, 고개를 숙일 때도 가슴이 드러나지 않도록 옷깃을 여며야 한다. 수치심과 불만, 지속적 불안은 자존감의 하락, 섭식장애, 우울증으로 이어지기도 한다. 그리고 이러한 상황은 건강한 섹슈얼리티를 발달시키는 데에도 방해가 된다. 연구에 의하면, 자신을 성적 대상화하는 관점을 가진 소녀들일수록 성관계 시 콘돔 사용률이 낮고, 주도성을 갖지 못하는 경향이 있었다. 자신의 욕구나 안전, 쾌락에 집중하기보다는 파트너 남성의 판단에 의존한다는 것이다.

상황이 이러한데, 어린이들이 안심하고 사용할 수 있도록 화장용품의 안전을 규제하거나, 기왕 이렇게 된 거 제대로 된 화장품 사용법을 가르친다는 것은 지나치게 한가한 대응이 아닌가 싶다. 아동복 쇼핑몰의 어린이 모델들이 성인 같은 '섹시한' 포즈와 의상으로 광고를 촬영하고, 40대 남성이 여자 중학생을 임신시켜도 '서로 사랑하는' 사이라서 무죄가 되는[12] 극도의 아동 성애화 사회에서 말이다. 15세면 청소년보호법에 따라 술과 담배를 살 수 없고, 판단 능력이 미숙하다는 이유로 투표권도 행사할 수 없지만, 유독 성적 자기결정권에 따라 성인과 '자발적으로' 성관계를 해도 되는 곳이 대한민국이다.

사실 화장이 피부 건강을 돌보고 자기 개성을 미학적으로 표현하는 자발적 수단이라면 뭐가 문제겠나. 초등학생이라고 자기표현 욕구가 없는 것도 아닐 테고. 그러나 각자의 신념과 행동은 사회로부터 동떨어져 독립적으로 존재하지 않는다. 특히 어린이와 청소년의 경우 사회의 영향은 더욱 강력하게 작동한다. 우리가 일상생활의 모든 영역에서 젠더 억압과 전투를 벌이며 살아가는 것은 사실상 불가능하다. 어쩔 수 없는 타협점을 찾아야 하는 경우도 많다. 그러나 최소한 어린이와 청소년들이 일찌감치 스스로를 성적 대상화하도록 만드는 것에는 철저하게 제동을 걸어야 하지 않을까?

목소리

미국과 영국의 대표적인 여성 아티스트인 레이디 가가와 아델. 둘은 퍼포먼스 측면에서 극과 극이다. 그런데 이 두 가수에게는 나를 놀라게 만든 공통점이 하나 있었다. 바로 그들의 나이였다.

2008년 〈The Fame〉이라는 데뷔 음반으로 빌보드를 강타했을 때 레이디 가가의 나이 스물세 살. 역시 2008년 소울 넘치는 가창력이 돋보이는 첫 앨범 〈19〉으로 각종 음악 차트를 휩쓴 아델의 나이는 스물한 살이었다. 나는 한참이 지나고 나서야 우연히 이들의 나이를 알고 그야말로 '깜놀'했다. 아니 이게 어디 20대 초반 여자의 목소리란 말인가? 이 놀라움은 이내 '아니 그럼 20대 초반 여자의 전형적인 목소리는 뭐지? 나는 뭣 때문에 놀란 거지'라는 셀프 질문으로 바뀌었다. 곰곰 생각해 보니, 이들에게는 '귀여움'과 '풋풋함'이 전혀 없었다. 한국 사회의 또래 여성 아티스트에게 기대되는 그 '애교' 말이다.

—

● 어떻게 말하는가?

우리 사회에서 '애교'는 텔레비전 안에만 존재하지 않는다. 가정은 물론 지하철, 식당, 학교, 일터 등등 대부분의 사적, 공적 공간에 여성의 애교는 공기처럼 만연해 있다. 박사과정 대학원생이나 사회단체 활동가의 입에서 튀어나온 "이랬쪄요, 저랬쪄요" 때문에 당황한 적도 한두 번이 아니다. 이것은 과연 한국의 전통문화인가……. 국제적으로 한국의 '재벌'을 고유명사 'chae-bol'로 사용하는 것처럼, '애교' 또한 'aegyo'로 널리 알려져 있다. 위키피디아에서 aegyo를 검색해 보면, '아기 목소리, 표정, 몸짓 등을 통해 표현되는, 애정의 귀여운 드러냄'이라고 설명한다. 케이팝, 특히 여성 아이돌 그룹에서 중요한 역할을 한다는 배경 설명에 덧붙여 예시로 소녀시대의 〈Gee〉 뮤직비디오가 링크되어 있다.

미국의 디시인사이드에 해당하는 '레딧(reddit)'에도 aegyo 뜻이 뭐냐, 왜 한국 여자들은 aegyo 행동을 하냐, 너네는 이런 모습 좋아하냐 등 다양한 질문과 의견이 올라와 있다. 한국 문화와 케이팝을 소개하는 유튜버가 전하는 '애교 팁'[13]을 보자. 첫째, 귀엽게 들리도록 목소리 톤을 높여라. 둘째, 애교의 슈퍼파워는 손과 눈에 달려 있다. 눈을 깜빡깜빡하고 주먹을 모아 볼에 갖

다 대라. 셋째, 가능하다면 아기처럼 발음해라. 글만 읽어도 머릿속에 영상이 자동 재생된다.

어쩌다 애교는 K-문화가 되었을까?

사실 애교 문화가 한국에만 고유한 것은 아니다. 그러나 이러한 행동은 지역의 젠더 정치성이나 여성성과 관련 있으며, 동아시아, 특히 한국, 일본과 중국의 도시 지역에 널리 퍼져 있다고 한다. 일본의 '카와이(kawaii)'가 가장 먼저 떠오른다. 헬로키티, 피카츄, 리락쿠마까지 일본은 온통 '카와이' 천지다. 문제는 이 귀여움이 애니메이션이나 장난감, 학용품의 가상 캐릭터에서 그치는 것이 아니라 살아 있는 여성의 미덕이라는 점이다. 귀엽고 보호받아야 하는 여린 존재, 너의 이름은 여성이다.

이렇게 애교와 젠더의 연관성을 두고, 젠더사회학. 언어학(?), 인류학 분야에서 의외로 진지한 학술적 분석들이 이루어지고 있다. 이를테면 한 인류학 논문에서는 한국의 애교가 일본어의 '카와이(귀엽다, 可愛い)'나 '부릿코(공주병, ぶりっ子)'보다는 '아마에(응석받이, 甘え)'에 더 가깝다는 주장을 제기했다. 아마에는 단순히 귀엽다, 사랑스럽다는 뜻이 아니라, 아기들의 엄마에 대한 감정을 나타내는 단어로, 사랑받고 돌봄받고 싶은

—

열망과 관련된 생각이나 행동을 지칭한다. 이러한 아마에의 사회적 관계를 취하는 여성은 돌봄자에게 의존적이고 사회에서 미성숙한 어린이 위치를 갖는다. 그렇기에 한국의 애교 개념에 들어맞는다는 것이다.

해외 연구자의 이런 '진지한' 애교 분석 글을 읽고 있노라면 기분이 좀 묘해진다. 도대체 애교가 뭐라고……. 아마도 중요한 것은 애교, 카와이, 아마에의 정교한 개념 정의가 아니라, 왜 이런 종류의 문화와 행동이 만연하게 되었느냐가 아닐까 싶다.

한국 사회에서 애교는 적절한 상황에서 매우 '정상적'인 것일 뿐 아니라 심지어 사회적으로 요구되는 덕목이다. 앞서 소개한 논문의 저자는 한국 사회에서 애교가 무언가를 요구하거나 부탁을 할 때 분위기를 부드럽게 하는 용도로 쓰이며, 사회적 의무나 요구에 대한 친절한 거절 방법으로 쓰일 수도 있다고 지적했다.

이들이 한국에서 수행한 심층 면담과 설문 조사 결과를 보면, 많은 이들이 애교에 대해 긍정적으로 생각하며, 애교를 수행하는 여성과 애교를 받아들이는 남성 모두에게 도움이 된다는 생각을 가지고 있다. 애교에 능숙한 여성이 사적 혹은 공적 영역에서 훨씬 나은 결과를 가져올 수 있다는 것이다. 이를테면 애교는 특정 상황에서 분위기를 누그러뜨리고 연장자나 상급자를 기쁘게 해 주며, 이를 통해 업무와 관련한 혜택을 누릴 수도 있다. 그런데 일터에서의 애교는 대개 남성 상사-여성 하급자의 관계 속에서 이루어진다. 강제는 아니더라도 문화적 기대가 크기 때문에 사실 일종의 '요구'나 다름없다. 한편 젠더 불평등이 강력한 사회에서 애교란 여성들이 권력 협상에 활용하는 일종의 사회적 기술이라는 해석도 있다. 그러나 애교를 통해서 얻는 호의는 남성적 응시 하에 놓인 여성성과 가부장적 조직 안에 한정된다는 점에서 젠더 평등이나 역량 강화와는 거리가 먼 방법이다.

순진무구하고 귀여운 어린이 행세를 함으로써 자신이 위협적 존재가 아니라는 점을 강조하고, 타인의 심기를 살펴 분위기를 부드럽게 만들고, 이를 통해 원하는 바를 얻어 내는 것. 이것이 여러 커뮤니케이션 방법 가운데 하나의 선택지일 뿐이라면 취향과 선호의 문제로 생각할 수 있겠지만 현실은 그렇지 않다. 다른 수단이 제한된 상황에서 애교가 가장 강력한 효과를 발휘한다면, 그리고 이 방법만을 강요당한다면 이는 전혀 다른 문제가 된다. 토크쇼 방송에서 나이 많은 남성 진행자의 아무 말 대잔치에 생글생글 웃으며 애교로 대응하지 않았다고, 소셜미디어에서 팬의 잘못된 댓글 내용

—

을 '정중하게' 지적했다고 '태도 논란, 인성 논란'에 휩싸인 여성 연예인들의 모습을 보면, 한국 사회에서 애교는 협상 전략이 아니라 사회적 규율이자 생존 전략이다. 일본의 총리 부인도 한 인터뷰에서 "일본 남자들은 능력 있고 열심히 일하는 여자보다 귀여운 여자를 더 좋아한다. 그래서 여자들은 남자가 좋아하는 그러한 타입이 되려고 노력한다. 매우 능력 있는 여성들조차 귀여운 척을 한다"고 말한 적이 있다.[14] 다 큰 성인 여성들에게 애교 강요하는 사회. 변태적이다.

● 어떤 목소리로 말하는가?

애교나 카와이의 핵심 요소는 목소리 톤이다. 굵고 낮은 목소리로 애교를 떤다는 것은 상상할 수도 없다. 굳이 애교의 시연까지 가지 않더라도, 젠더 불평등과 여성 목소리 톤이 관련 있다는 연구들이 적지 않다. 초기 연구들은 젊은 일본 여성들과 서구의 또래 여성들을 비교했다. 나도 일본어를 들을 때마다 나의 편견인가? 왜 이렇게 유독 여성의 목소리가 하이 톤으로 들리지? 궁금했는데, 그게 나만의 의심은 아니었던 모양이다.

여러 연구자들이 비슷한 궁금증에서 연구를 수행

했고, 일본 여성의 목소리 톤이 평균적으로 더 높다는 점을 반복적으로 확인했다. 이를테면, 20대 일본 여성 목소리의 평균 주파수는 232Hz인 반면, 비슷한 나이의 미국인 여성 목소리는 214Hz, 스웨덴 여성은 196Hz였다. 만나고 헤어질 때의 인사말인 '곤니찌와'와 '사요나라'를 정중하게 말하게 하는 실험을 했을 때 일본 여성은 최고 310~450Hz까지 목소리 톤이 올라갔으며 남성과 큰 격차를 보였다. 또래 미국인에게 이에 상응하는 'hello'와 'bye'를 말하게 했을 때, 미국인 여성은 최고치가 160~320Hz였고 남성과의 격차도 상대적으로 작았다. 일본 여성과 네덜란드 여성을 비교한 연구는, 일본은 여성의 높은 톤 목소리를 선호하고 네덜란드에서는 중저음 여성 목소리를 선호하며, 이상적인 남녀 목소리에 대한 선호도 격차가 일본에서 훨씬 크다는 점을 확인했다.

이 연구에서 사람들은 높은 톤의 목소리를 심리적 혹은 신체적 무력함(작고 약하고 의존적이며 겸손함)이라는 속성과 연관 짓고 있었다. 즉, 일본에서 바람직한 여성의 목소리란 톤이 높은 목소리이고, 이는 그녀가 작고 약하며 의존적이고 겸손한 존재임을 드러내 주기 때문이다.

일반적으로 남성과 여성의 목소리는 쉽게 구분되

—

고, 남성의 목소리는 여성보다 낮다. 이는 생리적, 해부학적 특성 차이에서 비롯된다. 목소리를 내는 후두의 크기가 남성이 더 크고, 목소리가 나오는 통로의 각도와 위치 자체가 조금 다르기 때문에 높낮이와 공명감에서 남녀 차이가 생겨난다. 동물의 경우에는 울음소리가 생리적 혹은 신체적 특성과 밀접하게 연관되어 있어서 발성자의 특성을 파악하는 중요한 정보가 된다. 짝짓기 상대를 찾거나 경쟁자의 위협 수준을 파악하는 데 매우 유용하다.

유전 정보를 해독하고 인공지능이 활용되는 21세기 인간 사회에서 목소리를 가지고 인간 됨됨이를 파악한다는 게 우스운 일이기는 하지만, 생물학적인 것이든 사회적인 것이든 진화의 역사를 통해서 발전해 온 선호가 존재하는 것만은 분명하다. 여러 조사 결과에서, 남성의 경우 낮은 목소리가 보다 매력적이고 신체적으로 강건하며 사회적으로 지배적이라 인식되는 경향이 있었다. 반면 여성은 톤이 높을 때 매력적인 목소리로 받아들여진다. 일본에서 그 정도가 더 심할 뿐이다.

한편, 공적 영역에서 낮은 목소리는 일종의 경쟁력이라는 점이 여러 연구를 통해 확인되고 있다. 일례로 미국에서 792명의 남성 최고 경영자들의 목소리 자료를 분석한 결과, 더 낮은 목소리를 가진 남성일수록 보다 큰 기업을 운영하고, 따라서 더 많은 보수를 받는 경향이 있었다. 경력이나 학력 등의 다른 요소를 고려하여 중간 규모 기업의 평균적 최고 경영자를 가정했을 때, 목소리 톤이 22.1Hz만큼 낮아질 때마다 운영하는 기업 규모가 4.4억 달러만큼 커졌고, 그에 따라 연간 보수는 18만 7천 달러 높아졌다.

낮은 목소리 선호는 정치적 리더를 선출하는 데도 작동한다. 한 실험 연구는 미국 대학생들을 대상으로 아무런 전후 맥락에 대한 정보를 제공하지 않은 채 "이번 11월에 나에게 표를 던져 주십시오"라는 목소리를 들려주고 지지 후보를 선택하도록 했다. 남성과 여성의 원래 목소리를 각각 저음과 고음의 쌍으로 변환하여, 남-녀 성 대결이 아닌 남성 후보와 여성 후보끼리의 쌍에서 목소리 톤에 따른 선호 차이를 평가했다. 각 비교 쌍에 대해서, 어떤 목소리가 더 유능한지, 어떤 목소리가 더 강력한지, 어떤 목소리가 보다 신뢰가 가는지도 함께 질문했다. 실험 결과, 연구에 참여한 남녀 대학생 모두 낮은 목소리를 가진 남성과 여성 리더를 선택하는 경향이 뚜렷했다. 후보자가 여성인 경우에도, 저음의 목소리에 대해서 보다 유능하고, 강력하며, 신뢰할 만하다고 평가했다.

이러한 결과를 어떻게 이해해야 할까? 일반적으로 여성의 목소리는 톤이 높아야 매력적으로 여겨진다. 하지만 그 매력이란 어디까지나 성적 존재로서의 매력이지, 공적 영역에서 그러한 목소리는 핸디캡이다. 바로 이런 점 때문에 영국 신자유주의의 선봉장 마거릿 대처는 선거를 앞두고 로열국립극장의 스피치 코치를 영입하여 목소리를 낮추는 레슨을 받았다. 그녀의 설득력 있는 목소리는 이후 커다란 정치적 장점으로 평가받았다.

앞서 소개한 실험 연구 논문의 저자들은 여성이 남성에 비해 리더 위치에 오르지 못하는 이유 중 하나가 바로 높은 목소리 톤 때문일 수 있다며, 이는 생리적 특성이지 가부장적 사회규범 문제는 아니라고 이야기했다. 그러나 여성의 높은 목소리는 생물학적인 것만은 아니다. 한국의 애교와 일본의 카와이 문화에서 여성들의 목소리 톤이 유달리 높아지는 것은 해부학적 차이 때문이라고 볼 수 없다. 높은 목소리 톤을 바람직하고 매력적인 것으로 간주하는 사회의 힘이 강력하기 때문이다. 두 나라는 OECD 회원국 중에서 젠더 불평등 척도에 사이좋게 꼴찌를 다투는 국가들이다.

실제로 여성들의 목소리 톤은 역사적으로 점차 낮아지고 있다. 이를테면 호주 연구팀이 1940년대와

1990년대 호주 젊은 여성들의 목소리를 비교 분석한 결과, 눈에 띌 만큼 여성들의 목소리 톤이 낮아진 것으로 나타났다. 저자들은 이를 여성의 사회적 지위가 높아진 것과 관련지어 해석했다. 굳이 애교를 발산할 필요가 사라지고, 공적 영역 진출이 늘어나면서 보호 본능보다는 신뢰감을 줄 수 있는 저음의 목소리로 점차 이행했을 가능성이 크다는 것이다.

여성의 목소리는 사회 진보에 걸맞게 진화한다. 여성이 필요 이상 높은 톤으로, 멀쩡한 성인 여성이 아기 같은 목소리로 말하도록 요구하는 사회는 제정신이라 볼 수 없다. 또한 목소리의 높낮이에 대한 편견이나 선호야 어쩔 수 없다 해도, 그것이 실제 공적 영역에서의 차별적 결과로 이어지도록 방치하는 사회도 제대로 된 사회는 아닐 것이다.

● 누가, 무엇을 말하는가?

목소리 톤과 어떤 방식으로 말하는가도 중요하지만, 사실 더 근본적인 것은 누가, 무엇을 말하는 위치에 있는가이다.

애교가 필요 없고, 게다가 신뢰감을 주는 낮은 목

소리가 일반적인 뉴스 보도에서조차 여성의 말과 남성의 말은 다르다. 2017년 국가인권위원회가 발주한 〈미디어에 의한 성차별 모니터링〉 연구 보고서에는 흥미로운 조사 결과가 실려 있다. 2017년 6월 한 달간 7개 채널의 저녁 종합 뉴스 아이템 주제 총 5,358건을 분석한 결과를 보면, 여성 앵커는 날씨, 문화 같은 소프트한 주제를, 남성 앵커들은 정치, 국방 같은 무겁고 진지한 주제를 주로 다루고 있었다. 사실 이는 보고서를 읽기 전에도 어느 정도 예상할 수 있는 패턴이었다. 나이 많은 남성 메인 앵커가 젊은 여성 앵커의 보조를 받으면서 뉴스를 진행하는 것이 일반적인 상황에서, 이러한 결과가 나오지 않았다면 그게 더 의외였을 것이다.

앵커의 성별만이 아니다. 뉴스 프로그램에서 인터뷰한 이들의 성별을 분석한 결과에서도 비슷한 편향이 나타난다. 일단 어떤 내용이든 일관되게 여성보다는 남성을 인터뷰한 경우가 많았다. 이를테면 전체 인터뷰 사례 12,940건 중에서 남성 인터뷰 숫자가 9,047건으로 여성보다 2.4배 많았다. 그중에서도 특히 '도움 차원의 전문적 의견 제시'인 경우 남녀의 격차가 컸다. 전체 인터뷰 3,369건 중에서 남성 인터뷰가 2,561건으로 여성의 3.2배나 되었다. 남성과 여성이 해야 할 말의 내용과 상황에 대한 기대가 다름을 잘 보여 준다.

무엇보다도 말을 할 수 있는 기회 자체가 불평등하다는 것이 문제다. 2016년 미국의 폴리그라프(Polygraph) 프로젝트는 세계 최대의 영화 정보 사이트인 IMDB 자료를 이용하여 영화 대사의 성별 분포를 분석했다.[15] 분석팀은 1980년대부터 지금까지 개봉된 영화 2,000편을 대상으로 시나리오에 최소한 백 단어 이상 있는 배역들을 분석에 포함했다. 예상대로 대사의 분량은 압도적으로 남성이 많았다. 영화 대사의 90% 이상을 남성이 말하는 경우가 307편(15.4%), 60~90%를 남성이 말하는 경우가 1,206편(60.3%), +/- 10% 이내로 남녀 간 대사 분량이 비슷한 영화가 314편(15.7%), 여성이 대사의 60~90%를 하는 영화 164편(8.2%), 대사의 90% 이상을 여성이 말하는 영화가 9편이었다.

놀라운 것은, 여성이 주인공인 영화들조차 전체 대사량은 남성이 많았다는 점이다. 예컨대 조디 포스터가 클라리스라는 FBI 신참 요원으로 등장하는 영화 〈양들의 침묵〉의 경우, 당연히 주인공의 대사 분량이 가장 많았지만 조역까지 모두 포함하면 남성의 대사 분량이 2/3를 차지했다. 남녀를 불문하고 전 세계 어린이들 사이에서 '렛잇고(Let it go)'와 파란색 엘사 드레스 열풍을 일으켰던 디즈니 애니메이션 〈겨울왕국〉조차 남성 대사 분량이 57%였다. 제니퍼 로렌스가 전사 '캣니스' 역할을 맡아 열연한 〈헝거게임〉에서도 남성 대사 분량은 55%를 차지했다. 마침 이런 데이터가 있어서 우리가 확인 가능한 것이지, 텔레비전의 각종 예능 프로그램은 물론 학회나 정책 토론회 자리에 이르기까지, 여성이 말할 기회는 극도로 불평등하다. 오죽하면 국제 학술 커뮤니티는 학술 행사에 오로지 남성 패널만 참여하는 경우를 '매널(manel: male + panel)'이라고 지칭하며 비판하기 시작했다. 최근 미국 국립보건원 원장은 (그 자신이 남자임에도) '매널'로만 이루어진 행사에는 참석하지 않겠다는 공개서한을 발표했다.

여자이기 때문에 말을 못 하게 하는 것은 아니지만, 기존 사회 네트워크로부터의 배제, 여성 능력에 대한 불신이 여성의 말할 기회를 앗아가고 있다. '유구무언'이라는 고사성어가 여기에 쓰라고 만들어진 것은 아니다. 하지만 어쩌다 보니 입은 있어도 말을 할 수 없는 여성의 상황을 잘 드러내는 맞춤 고사성어가 되고 말았다.

어깨

이미 임상 현장을 떠난 지 오래지만 아직도 기억에 남는 임상 실습 장면들이 있다. 대개는 끔찍했거나 안타까운 상황들인데, 드물게 따뜻했던 장면도 있다.

우리 대학 병원의 류마티스 내과 K교수는 종편은 커녕 인터넷이 이토록 상용화되기 전부터 전국에 명의로 소문이 자자했던 분이다. 한창때는 외래 예약이 3년 치가 밀려 있기도 했다. 사실 현대 의학의 치료법이라는 게 한 사람만의 특별한 비방(秘方)이 있을 리 없다. 교과서에 실린 표준 치료법이 공유되고, 학술 대회나 학술지를 통해 최신의 근거들이 발표되면 검증과 비판을 거쳐 새로운 표준이 확립된다. 의사들은 이를 토대로 환자에 맞게 적절하게 적용하는데, 이 과정에서 소소한 차이가 생길 뿐이다. 만일 명의(名醫) 한 사람에게만 특별한 비책이 있다고 하면 사실 이건 과학이 아니다. 그렇다면 K교수에게 환자들이 그토록 몰려들었던 이유는 무엇일까? 병동 회진, 외래 진료에 한 번만 따라 다녀 보면 알 수 있다.

류마티스 내과를 방문하는 환자들 상당수는 중년, 노년의 여성들이다. 루프스나 류마티스 관절염처럼 젊은 나이에 발병하는 경우에도 환자들의 경험은 비슷하다. 암이나 심장병처럼 죽고 사는 중병은 아니지만 본인들이 경험하는 고통이 너무 크다. 대개는 완치도 잘 되지 않고, 치료 도중에 호전과 악화를 반복하기 십상이다. 그러다 보니 마음도 병드는 경우가 많다. 남들은 이 고통을 잘 이해하지 못한다. 어디가 부러진 것도 아니고, 나이 들면 관절 쑤시는 건 당연한 거 아닌가. 왜 저렇게 허구한 날 아프다고 하는지 가족도 잘 이해해 주지 않는다. 집안일을 제대로 못 한다며 핀잔을 받거나, 고통을 참아 가면서 집안일을 책임져야 한다. 용하다는 의원, 한의원을 전전하다가 마침내 서울의 대학병원에 오기까지 얼마나 사연이 많았을까. 민간요법으로 유연한 관절이 상징인 고양이(!)를 고아 먹었다는 이야기도 여러 번 들었다.

K교수는 외래에서 처음 만나는 이런 여성 환자들의 손을 꼭 잡아 주었다. "그동안 많이 힘드셨죠?" 이 한마디에 십중팔구는 눈물이 터졌다. 따라온 남편이나 자녀들에게도 꼭 당부했다. 무척 힘든 질환이니 이해하고 집안일도 많이 도와야 한다고. 환자가 진료실을 나

—

가고 나서, 우리 실습 학생들에게 이런 질환이 여성의 삶을 얼마나 고달프게 하는지 이야기하기도 했다. 1990년대 대학병원의 중년 남자 교수가 페미니즘을 들어 본 적이나 있었을까? 하지만 비슷한 처지에 처한 수많은 환자를 보면서 평등주의든 가부장적 온정주의든, K교수는 자연스럽게 젠더 문제를 깨달은 것 같았다.

● 한국 여성 노동자의 '역사적' 골병

'근골격계 질환'은 목, 어깨, 팔과 손목, 손가락, 허리, 무릎과 다리의 근육, 인대, 관절 등에 문제가 생기는 질환들을 뭉뚱그려서 하는 말이다. '삭신이 쑤신다' 혹은 '골병이 들었다'라고 이야기하는 것이 대부분 근골격계 질환이다. 많은 사람이 일상생활에서 흔히 경험하고, 또 일터에서 가장 흔하게 발생하는 직업적 손상 중 하나이기도 하다.

근골격계 질환은 여성에게서 더 많이 발생한다. 국내 연구 결과를 보면, 의사에게 진단받은 골·관절염 유병률은 여자 11.8%, 남자 4.1%로 여성에게서 세 배 정도 흔하다. 나이가 들수록 문제는 심각해져서, 65세 이상 연령층에서 유병률은 여성 45%, 남성도 14.4%나 된다. 여성 노인 두 명 중 한 명은 골병에 시달리고 있다는 뜻이다. 나이뿐 아니라 사회경제적 환경도 중요한 요인이다. 이를테면 취업자 중에서도 관리직으로 일하는 여성의 골·관절염 유병률은 3.2%인데 비해, 서비스직과 생산직에 종사하는 경우에는 유병률이 각각 6.4%와 8.0%로 높아진다. 또 소득이나 학력이 낮은 경우일수록 유병률이 높아진다. 다행스럽게도 시간이 흐르면서 남녀 모두 문제의 빈도가 줄어들고 있다. 그러나 여전히 여성의 일상에 부담을 주는 중요한 이슈이며 사회경제적 어려움과 밀접하게 맞닿아 있는 문제이다. 사정이 이렇다 보니 TV에서는 농산어촌의 여성 노인들을 찾아다니며 한평생 노동으로 꼬부라진 허리나 관절을 수술하여 '엄마의 봄날'을 되찾아 주는 프로그램이 몇 년째 인기리에 방송되고 있다.

이는 한국만의 특별한 현상은 아니다. 이를테면 목과 어깨, 팔 등 상지의 근골격계 질환에 관한 성별 차이를 분석한 세계 각국의 논문 56편을 종합한 연구는 자가 보고 자료를 활용한 것이든 산재보험 자료를 활용한 것이든, 대부분의 논문에서 여성의 근골격계 질환이 더 흔하다는 점을 확인했다. 연령이나 작업 환경 요인 같은 제3의 요인들을 고려한 후에도 결과는 크게 변하지 않았다. 이렇게 여성에게서 유병률이 높은 것은 몇 가지 요인으로 설명할 수 있다.

우선 직업 관련 요인이다. 일반적으로 여성은 남성보다 힘쓰는 일을 덜 하기 때문에 남성에 비해 업무 부담이 덜할 것이라고 생각한다. 그러나 생산 현장에서 여성이 주로 맡는 일들은 속도와 정밀성을 요하거나, 작은 근육을 반복적으로 사용하는 작업인 경우가 많다. 이런 작업은 목과 어깨에 상당한 부담을 준다. 스마트폰 게임을 겨우 20분 했을 뿐인데, 목과 어깨, 손가락이 뻐근해진 경험들이 다들 있을 것이다. 게다가 생산 현장에서 '남성 표준'에 맞춰 설계된 작업대나 장비들은 여성의 자세를 비뚤어지게 하고 신체적 부담을 증가시킨다.

사회·심리적 요인들도 중요하다. 일터에서 여성들의 업무는 대개 자율성이 낮고, 또 마감 압박이나 직무 갈등 같은 스트레스 상황에 마주쳤을 때 여성들이 보다 강렬하게 반응하는 경향이 있다. 이는 목과 어깨의 문제를 악화시킨다. 게다가 가사노동은 가정과 일터에서 여성에게 이중의 부담을 안긴다.

생물학적 요인도 관련 있는데, 예컨대 손목터널증후군은 임신 기간 동안 많이 생겼다가 아이를 낳으면 대개 사라진다. 이는 임신 중의 염증 반응 변화와 관련 있다. 또한 힘줄과 인대에는 에스트로겐 수용체가 있어서 호르몬 수준의 변화에 쉽게 반응하는 것으로 알려져 있다.

사정이 이러함에도 불구하고, 여성에게는 질병을 질병으로 인정받는 것 자체가 때로는 어려운 과제가 된다. 그 원인이 일터에 있든 가정에 있든 마찬가지다.

지금은 당연해 보이지만, 근골격계 질환이 한국 사회에서 일터의 건강 문제, 산업재해로 인정받게 된 데에는 여성 노동자들의 고통과 투쟁의 역사를 빼놓을 수 없다.

1980년대 말, 90년대 초 '경견완 장애' 문제를 제기하고 이를 산업재해로 인정받은 것은 대부분 여성 노동자들이었다. 경견완 장애는 말 그대로 목, 어깨, 팔에 문제가 있다는 것이다. 특정 동작을 오랫동안 반복하면서 이들 부위의 신경, 근육, 인대, 관절 등에 문제가 생겨 통증이나 이상 감각, 마비, 활동 제한이 생기는 것을 말한다. 요즘은 경견완 장애라는 말보다 질병이 생기는 기전을 표현하여 '누적 외상성 질환'이라고 부른다. 주로 컴퓨터 단말기(visual display terminal) 작업자에게 많이 생긴다고 해서 과거에는 'VDT 증후군'으로 부르기도 했다.

당시만 해도 사람들은 산업재해라 하면 유독한 화

학물질에 중독되거나 높은 곳에서 추락하거나, 아니면 진폐증처럼 광산에서 오랫동안 일한 사람들에게 일어나는 문제로 생각했다. 여성 노동자들이 주로 일하는 부품 제작이나 조립 등의 생산 현장, 한창 사무 자동화가 이루어지고 있던 사무실 환경은 산업재해와 관계없는 곳으로 여겨졌다.

당시 여성 노동자들은 같은 자세로 온종일 정밀한 반복 작업을 하거나, 컴퓨터 모니터 화면을 보면서 문서 입력을 했다. 지금은 사무실에서 일하는 사람이라면 누구나 컴퓨터로 작업을 하지만 당시만 해도 전산화되어 있지 않은 여러 작업물을 '입력'하는 것 자체가 별도의 업무였다. 이제는 오랜 시간 컴퓨터나 모바일 기기를 사용하는 것이 목과 어깨, 팔, 시력 등에 문제를 일으킨다는 사실이 너무나 잘 알려져 있다. 하지만 당시 노동자들은 새로운 '첨단' 환경에서 병명도 모르는 채 극심한 통증과 활동 제약에 시달렸다. 목을 돌리기 힘들거나 팔을 들 수 없고, 손에 힘이 쥐어지지 않아 필기도 못 하고 숟가락질을 하기 어려운 경우도 다반사였다.

고통스럽지만 정체를 알 수 없는 이 질병 앞에서, 한 여성 노동자는 이렇게 말하기도 했다. "그곳에서 나는 내 병이 경견완 장애라는 직업병이라는 걸 알게 됐다. 고치기 힘들다는 것도 알았지만 우선은 병의 원인

—

을 알았다는 것이 더없이 기뻤다"고 말이다. 그러나 이 새로운 '문명병'에 대해 의사도 제대로 진단을 하지 못했고, 산업안전보건 법규도 준비되어 있지 않았다. 이런 시절, 사무직과 제조업 모두에서 경견완 장애를 처음으로 산업재해로 인정받고 사회적 대응을 요구한 것이 여성 노동자들이었다는 점은 지금 봐도 놀랍다.

특히 집단적으로 일터의 건강 문제를 제기하고 '산재 인정 투쟁'을 이끌어 낸 한국통신 여성 노동자들의 역사는 기억해 둘 필요가 있다. 지금은 전화 교환 업무가 사라지고, 전화번호 안내도 음성 자동응답 시스템이나 인터넷 검색을 통해 간편하게 하지만, 예전에는 이것들이 모두 전화국 여성 노동자들의 일이었다.

한국통신 여성 노동자들은 별도의 보호 장치도 없이 (사실 필요한 줄도 몰랐다!) 수 년 동안 전화 교환과 번호 안내 업무를 해 왔다. 전화 가입자는 늘어나는 반면 인력은 자꾸만 줄어들면서 노동 강도는 점차 높아졌다. 심할 때는 한 시간에 275건의 콜을 처리하기도 했다. 이들의 증상은 일상생활을 어렵게 만들 만큼 심했지만, VDT 증후군이 직업성 손상이라는 인식이 별로 없었기 때문에 노동자 각자가 이 문제를 감내해야 했다.

그런데 1994년 한 여성 노동자가 개별 건강검진에

서 VDT 증후군을 진단받게 되었다. 노동조합은 많은 다른 노동자들에게도 비슷한 문제가 있다는 것을 확인한 후 즉각 실태 조사에 착수했다. 노동조합이 시행한 설문 조사에서 응답자 3,220명 중 32.2%가 VDT 증후군이 의심되는 것으로 나타났다. 노동자들은 대책을 요구했지만 회사는 반응하지 않았다. 여성 노동자들은 전문가에 의한 정밀 검진을 요구하면서 연좌 농성을 벌였다. 사측이 이를 받아들였고, 이후 정밀 검진을 통해 다수의 경견완장애 환자들이 확진되었다. 그리고 이 중 265명은 산재를 인정받았다.

이 과정에는 한 줄로 요약할 수 없는 치열한 투쟁이 있었다. 노동조합은 시민사회와 연대하여 회사 안에서 농성을 벌이고, 시내 여러 곳에서 집회를 열었다. 문제의 심각성을 사회적으로 알리고 대책을 요구했을 뿐 아니라, 제도 개선을 위한 정책 세미나도 열었다. 이런 노력 덕에 이 문제는 사회적 이슈로 부각되었고, 1995년 국회 환경노동위원회 국정감사에서 중요한 의제로 다루어지기도 했다.

이들의 집단 산재 인정 투쟁은 여러모로 '역사적'이었다. 우선 그동안 추락이나 절단 같은 사고성 재해, 혹은 유독한 화학물질 노출 예방에만 초점을 두고 있었던 '전통적' 직업안전보건 체계가 인간공학적 요인과

——

근골격계 질환 같은 새로운 문제를 다루도록 하는 데 크게 기여했다. 또한 유독한 화학물질이 아니더라도 노동 강도를 강화하는 것 자체가 노동자 건강에 해를 입힐 수 있다는 점을 보여 줌으로써 근골격계 질환 예방을 위한 이후 노동안전보건 운동의 모멘텀을 마련했다. 무엇보다 중요한 것은 여성 노동자의 질병이 집안일이나 신경증, 히스테리 때문에 생긴 것이라는 편견을 넘어, 그들 자신의 투쟁을 통해 여성의 일과 건강 문제가 긴밀하게 연관되어 있다는 사회적 인정을 얻어 냈다는 점이다.

● **가정은 골병 안전지대?**

그렇다면 가사노동은 어떤가? 주변에서 어린아이를 키우느라 손목과 어깨가 성할 날이 없다는 여성들 이야기를 자주 듣는다. 남성이든 여성이든, 주말에 밀린 집안일을 했더니 월요일 출근해서도 삭신이 쑤신다는 이야기는 흔한 레퍼토리다. 가사노동은 그렇게 가볍게 볼 것만은 아니다. 그리고 이는 여전히 여성 몫이다. 통계청 생활시간 조사 결과를 보면 맞벌이 가구에서 아내의 1일 평균 가사노동 시간은 2004년 3시간 28분에서 2014년 3시간 13분으로, 10년 동안 겨우 15분 줄어들었다. 반면 남편의 가사노동 시간은 32분에서 41분으로 9분이 늘어났다. 2016년 사회통계 조사에서 '가사노동을 공평하게 분담해야 한다'는 의견이 여성 58.3%, 남성도 무려 47.4%나 되었지만, 실제 가사 분담 실태를 보면 '부인이 전적으로/주로 맡는다'는 가구가 79.6%였다.

하지만 가사노동이 여성의 근골격계 질환에 미치는 영향을 본격적으로 다룬 연구는 거의 없다. 〈집에 가서 쉴 수 없는 노동자: 전업주부〉라는 제목의 논문은 근골격계 질환을 다루면서 가사노동을 분석에 포함한 각국의 연구를 종합했다. 이 논문은 이전의 연구들이 가사노동과 관련한 노출 빈도와 시간, 강도를 본격적으로 다루지 못했음을 지적했다. 가정주부, 가사노동 문제는 유급 노동에 종사하는 이들의 문제를 탐구하기 위한 '대조군'이나 '혼란 요인' 정도로 다루어진 경우가 대부분이었다. 논문의 저자들은 이러한 문제를 지적하면서, 유급 노동과 가사노동의 공통점과 차이점을 분석했다. '전업주부'의 비교 대상이 된 유급 노동은 청소, 돌봄/보육, 식사 준비, 가정 내 건강 보조 등이었다.

청소노동 같은 경우에는 오래 서 있거나 허리를 구

부리고 펴는 동작, 팔을 빠르게 반복적으로 움직이는 동작이 많고 도구에 따라 불편한 자세를 취해야 하는 경우가 흔하다. 보육노동의 경우 장시간 서 있거나 걷기, (때로는 10kg이 넘는) 아이를 들어 올리고 한꺼번에 여러 가지 일을 처리해야 하는 상황이 자주 발생한다. 조리노동의 경우에도 장시간 서 있는 경우가 많고 팔과 어깨, 손목, 손가락을 반복적으로 움직이거나 무거운 물체를 옮겨야 한다. 가정 내 건강 보조 업무, 이를테면 재가 요양 서비스 같은 경우에는 거동이 불편한 환자를 들어 올리거나 전용 설비 없이 불편한 자세로 목욕을 시키고, 식사 제공, 환자의 자세 바꾸기 등을 반복적으로 해야 한다.

이런 업무 특징은 가사노동에서도 공통으로 관찰된다. 다만 차이가 있다면, 가사노동의 경우 대개 유급노동보다 노동 강도가 덜하고 상대적으로 자율성이 크다는 점이다. 한편 가사노동은 멀티태스킹이 필요한 경우가 훨씬 많다. 이를테면 보육 노동자가 아이를 돌보면서 청소를 하고 식사 준비까지 동시에 해야 하는 경우는 드물지만, 가정에서는 이것이 일상이다. 또 유급노동과 달리 '퇴근'이 없고 정해진 휴식 시간도 없다. 유급 노동에 비해 가사노동의 자율성이 크다고 하지만, 사실 이것도 맥락에 따라 달라진다. 빨래를 먼저 할지 청소를 먼저 할지, 청소를 한다면 안방부터 할지 거실부터 할지, 내 마음대로 정할 수 있지만, 그렇게 할 수 없는 경우도 있다.

이를테면 혼자 집에서 갓난아기를 돌보는 여성에게 어떤 자율성이 있을까? 아기가 울고 있는데 들여다보지도 않고 자신이 정한 순서에 따라 집안일을 차근차근 '자율적으로' 처리했다는 이야기는 일찍이 들어 본 적이 없다. 화장실에 가는 잠깐의 순간에도 불안해서 문을 닫지 못한다는 아기 엄마, 식탁에 앉아서 제대로 끼니를 챙겨 본 게 언제인지도 모르겠다는 아기 엄마 앞에서 자율성이라니! 그러나 이 모든 상황은 너무 익숙하고 당연한 것들이라 연구를 할 만큼 가치 있는 주제가 되지 못한다.

1980~90년대 여성 노동자들의 근골격계 질환 실태를 파악하기 위해 사용했던 증상 설문지에 빠지지 않고 등장하는 문항이 손에 힘을 줄 수 없어 '빨래를 짜기 어렵다'는 것이다. 일터에서 힘겨운 노동에 시달리면서도 집안일 또한 놓을 수 없었던 당시 여성 노동자들의 상황을 잘 보여 준다.

세탁기 같은 생활가전이 보편화되어 가사노동의 부담이 줄어들었다지만, 그만큼 가정의 돌봄과 청결, 미관에 대한 사회적 기대도 높아졌다. 아마도 이것이 여성의 가사노동 시간이 좀처럼 줄어들지 않는 이유일 것이다. 직업병을 판정할 때에는 집안일 때문에 아픈 것이라 하고, 집안일 때문에 골병이 들었다 하면 엄살이라고 치부하는 사회에서, 여성들은 투쟁할 수밖에 없다.

유방

가슴은 우리 여성들의 신체 중에서 가장 관심을 가지고 소중히 여기는 한 부위로 아기에게는 생명의 정수를 물려주는 곳이요, 남편에게는 애정을 나누어 주는 곳이며, 여성 본인에게는 자신의 미적 가치를 표현하는 곳입니다. 또한 가슴은 제2의 성기라고 할 만큼 여성에게는 여성으로서의 의미와 자존심이 표현되는 곳이기도 합니다.

현대인의 기준에서 볼 때 아름다운 가슴은 우선 적당히 풍만하고 탄력이 있어야 하며, 원추형의 모양일 때 가장 아름답다 할수 있습니다. 한국인에 있어서 아름다운 가슴은 대략 한쪽에 250cc 정도의 크기입니다.

쇄골의 중심과 유두 간의 거리는 18~20cm 정도, 그리고 흉골의 중심과 유두를 연결한 거리는 20~22cm 정도, 양쪽 유두 사이의 거리는 18~22cm 정도가 좋습니다. 유두에서 가슴 아래쪽까지의 길이는 5~7cm 사이이고, 유륜의 직경은 4cm를 넘지 않아야 하며 유두가 살짝 올라간 모양이고 그 색깔은 연한 적색을 띠는 것이 보기 좋습니다.

국가가 알려 준 아름다운 가슴의 기준이다. 애니메이션과 온라인 게임에 등장하는 미소녀들이 한결같이 개미허리에 물리적으로나 생물학적으로 불가능한 헤비급 가슴을 가졌기에, 사이즈만 크면 다 되는 줄 알았더니 그게 아니었다!

3년 전 한 누리꾼이 이 글을 국가건강정보포털에서 발견해 소셜미디어에 공유하면서 그야말로 불꽃같은 반응이 일었다. 정부가 뭐 하는 짓이냐는 반응이 대다수였지만, 나는 그 치밀함에 약간 매혹되었다. 흠, 과연 기대를 저버리지 않았어!

사이트는 서둘러 글을 삭제했지만, 언론 기사 덕분에 흑역사는 영원히 기록으로 남게 되었다.[16] 대체 여성의 유방이 무엇이기에 이렇게 국가까지 나서서 '의미'를 해석하고 아름다움을 정의해 주는가?

● 성(聖)과 속(俗)의 이중 기준 만족하기

건조하게 이야기하자면, 유방은 다른 포유류와 마찬가지로 새끼에게 젖을 먹일 수 있도록 암컷에게 발달된 몸의 한 부분이다. 하지만 이렇게 말하면 싱겁다. 다른 포유류에서는 볼 수 없는 성애적 의미가 강력하기 때문이다. 보건복지부도 '제2의 성기'라고 친절하게 알려 주지 않았나.

인간 여성 유방의 독특함은 오랜 진화의 역사에서 비롯된 것으로 추정된다. 인간은 영장류 중에서 유일하게 암컷의 발정기를 드러내는 해부학적 변화나 행동 변화가 없는 종이다. 그리고 사춘기 이후 노년에 이르기까지 발정기, 좀 더 점잖게 표현하자면 짧은 가임 기간(배란기)만이 아니라 월경 주기 내내 성관계를 맺을 수 있다. 인간 종은 자손 생산과 무관하게 저강도의 지속적인 성적 활동에 적응되어 왔다. 이 과정에서 여성 유방의 성애적 역할이 진화해 왔을 것이라는 추측이다. 실제로 유두와 유륜은 촉각에 대한 민감도가 매우 높으며, 대부분의 문화권에서 여성 유방에 대한 자극은 성관계의 전조 역할을 한다.

진화의 역사야 어찌 되었든, 오늘날 여성의 유방은 모성의 상징이자 성애의 상징이라는 성과 속의 기대를 동시에 충족시켜야 하는 막중한 임무를 띠고 있다. 아이를 모유로 키우는 훌륭한 엄마의 기능적 유방과, 남성의 성애적 기대를 충족시키는 매력적인 유방이 서로 경쟁하는 형국이다. 성애적 기대 또한 미묘하다. 섹시 아이콘인 안젤리나 졸리마저도 영화 〈툼 레이더〉의 라라 크로포트를 연기할 때 '그건 현실에서 불가능한 몸매'라고 단언할 만큼 돋보이는 가슴이어야 남성들의 환호를 받는다. 그렇지만 여성 연예인의 '노브라'가 '발각'되기라도 하는 날에는 국민적 질타를 면치 못한다. 남성 연예인의 옷 아래로 도드라지는 유두는 귀여운 놀림감이지만, 여성 연예인은 노브라가 '의심'되는 상황만으로도 미풍양속 파괴왕이 된다. 모두 점잖은 선비들이라서? 그럴 리가! 가상 캐릭터의 가슴 노출에 대한 열광과 현실 여성의 노브라에 대한 비난은 여성 유방에 대한 과도한 집착이라는 점에서 본질적으로 차이가 없다. 브래지어를 했는지 안 했는지 구분하기도 어려운 사진을 보고 옷 안쪽 상황을 혼자 상상하며 흥분하는 것이 음란마귀 아니면 그 무엇이겠나.

공공장소에서의 모유 수유에 대한 태도는 이러한 성애적 집착 속에 자리한 성과 속의 분열증을 잘 보여준다. 모유 수유가 아기와 엄마의 건강에 좋다는 사실은 잘 알려져 있다. 그러나 현실에서 모유 수유 실천은 쉬운 일이 아니다. 보건학에서 권장하는 '완전 모유 수유'는 생후 6개월까지 전적으로 모유만 먹이는 것을 말한다. 2015년에 완전 모유 수유율 국제 평균은 38%였고, 한국의 2016년 조사 결과는 18%로 그 절반에 불과했다. 국내외 전문가들은 출산 직후 모유 수유가 시작

될 수 있도록 모자동실 같은 보건의료 서비스를 개편하고, 모성 휴가를 보장하며, 일터와 공공장소에서의 모유 수유 지원 같은 제도적 장치가 필요하다고 목소리를 모은다. 그런데 이런 '제도'만이 문제는 아니다. 대개 중산층, 고학력일수록 모유 수유 실천율이 높고, 같은 조건에서라면 일하는 엄마일수록 실천율이 낮다. 인식의 차이뿐 아니라 '할 수 있는 조건'인지 여부가 중요한 영향을 미치기 때문이다.

여기에 현실적이면서도 미묘한 문제가 추가된다. 아기와 엄마가 6개월 내내 하루 종일 집 안에만 머무르지 않는 이상, 공공장소에서의 수유는 사실상 피할 수 없다. 그런데 이게 의외로 '논쟁거리'다. 이를테면 공공장소에서의 모유 수유를 두고, "더럽다(?), 혐오스럽다, 공공장소 예절에 맞지 않는다"는 비판이 인터넷 커뮤니티를 통해 수차례 제기되었다. 해외에서도 '찬반 논란이 뜨겁다'는 식의 기사와 함께 의회나 대중집회 등에서 수유하는 여성의 사진이 종종 등장한다. 이것이 왜 논쟁거리가 되어야 할까? 자신의 배고픔을 조절하거나 참을 수 없는 어린 아기의 절박한 요구에 부응하는 것이 왜 도덕적으로 비난받아야 할까?

이는 아마도 배고픈 아기에게 젖을 먹인다는 현실적 과제보다는, 성애의 상징인 가슴, 그것도 배우자가 있는 여성이 가슴을 '노출'한다는 것에 대한 화들짝 놀라움, 그에 대한 사회적 나무람이 아닐까 싶다. 이 또한 유방에 대한 성애적 집착과 해석이다.

실제로 미국에서는 남성성 이데올로기나 섹시즘이 공공장소에서의 수유에 대한 사람들의 태도와 관련 있다는 논문들이 발표되기도 했다.

이를테면 미국의 남자 대학생 650여 명이 참여한 설문 조사 결과, 응답자들은 배우자의 모유 수유를 지지하지만, 공공장소에서의 수유는 반대하는 경향이 있었다. 이들은 유방에 대해서 수유 기능보다는 성적 매력과 연관 지어 생각하는 경우가 더 많았다. 특히 남성 잡지를 열심히 읽는 사람, 세상을 배우기 위해 텔레비전을 본다는 사람, 미디어에 재현된 것이 실제 세상이라고 여기는 사람일수록 전통적인 남성성 이데올로기를 강력히 지지하고, 이런 사람일수록 유방의 기능적 성격보다는 성애적 의미를 받아들이는 성향이 강했다.

모유 수유는 사적인 행동이기에 공공장소에서의 수유는 지지할 수 없으며, 심지어 모유 수유 자체가 결혼 관계나 성적 관계를 방해할 수 있다고 생각하는 비율도 높았다. 남성성 이데올로기는 남성의 섹스 충동, 성적으로 주도하는 주체로서의 남성을 강조하고, 반대로 여성은 성적 대상이자 수동적 문지기로 받아들인다.

———

이 논문의 저자들은 여성의 몸을 성적 대상으로 바라보는 이데올로기에 젖어들수록 모유 수유나 출산 같은 '재생산' 측면을 받아들이는 데 불편해한다고 지적했다.

또 다른 흥미로운 연구도 있다. 대학생 100여 명과 성인 80명을 대상으로 시행한 모의실험이다. 참여자들에게는 의상과 행동이 사람들의 인식에 어떤 영향을 주는지 살펴보는 연구라고 알려 주고, 사진 자료에 나타난 인물들의 행동에 대한 각자의 인정 수준, 선호, 불편함, 정상성 혹은 부적절함 등을 평가하도록 했다. 사진 자료들의 여러 상황 중에는 공공장소와 집 안에서 수유하는 여성의 사진이 포함되어 있었다. 사진 평가 후 참여자들은 성차별주의 성향을 측정하는 설문을 작성했다. 성차별주의 성향은 여성에 적대적인 차별과 여성 숭배적인 차별로 구분할 수 있었다. 분석 결과, 대부분의 참여자는 집 안에서의 수유를 긍정적으로 받아들였고, 이는 성별이나 연령에 따라서도 다르지 않았다. 그 자신이 부모로서 모유 수유에 노출된 경험이 있는 이들이 수유 장면에 좀 더 긍정적이었지만, 그래도 여전히 집 안에서의 수유를 선호하는 모습을 보였다.

한편 여성에 적대적인 성차별주의 성향이 있는 사람들은 공적이든 사적이든 어떤 공간에서의 모유 수유에 대해서도 부정적으로 평가했다. 반면 여성 숭배적

—

성차별주의 성향의 사람들은 사적 공간에서의 수유는 강력히 옹호하지만 공적 공간에서의 수유는 극렬히 반대했다. 공공장소에서의 수유는 문명화되지 못한 행동이라 판단했고, 여기에는 수유의 기능적 측면보다 유방이 갖는 성애적 의미가 훨씬 크다는 점이 자리하고 있었다. 아기에게 젖을 먹이는 행동조차 성적 노출로 인식할 만큼 과도한 성애화가 이루어진 것이다.

그렇다면, 유방의 과도한 성애화에 반대하면서 공공장소에서 스스럼없이 모유 수유를 하자는 캠페인이라도 벌여야 할까? 실제로 이런 종류의 플래시몹이 한국 사회에서 벌어진 적도 있다. 그러나 글쎄올시다. 이토록 불법 촬영과 디지털 성폭력이 만연한 작금의 상황을 보건대 절대로 권하고 싶지 않은 행동이다. 심지어 모유가 일종의 정력제로 둔갑하면서, 국내 온라인 커뮤니티에서 모유를 구매하는 이들의 상당수는 남성이라고 한다. 수유에 관한 정보를 교환하는 온라인 카페에서 여성들에게 '직접 만나서 방금 유축한 따뜻한 모유를 받고 싶다', '직접 모유를 수유해 주면 한쪽에 5만 원씩 주겠다'는 쪽지를 보내는 변태까지 즐비한 이 험한 세상에, 공개된 장소에서의 모유 수유는 위험한 행동이다.

아기에게 필요하다면 어떠한 난처한 상황에서라도

—

여성이 자신의 몸을 드러내야 한다는 규범 또한 불편하다. 현실에서 이 문제의 해법은 수유 시설이나 모성 휴가 같은 제도적 기반을 확충하는 것이어야 한다. 그와 더불어 여성이 무엇을 하든 성적 대상으로만 바라보며 머릿속에 에로틱 판타지 영화를 찍어 나가는 섹시즘을 변화시키려는 노력도 계속되어야 한다.

유방의 성애화는 여성 스스로에게도 부담을 준다.
국제미용성형수술협회(ISAPS)의 2017년 통계에 따르면, 전 세계에서 가장 많이 이루어지고 있는 미용 외과 시술이 바로 유방 확장술이다. 한국 통계는 2015년 보고서에 나와 있는데, 쌍꺼풀 수술, 코 성형술, 얼굴 지방이식술 다음으로 많은 것이 유방 성형술이다. 전체 7만 5천여 건 중, 실리콘을 이용한 확장술이 약 4만 4천 건을 차지한다. 이 통계는 성형외과 전문의들이 참여한 설문 조사 결과에 기초하고 있기에, 실제 규모는 더 클 수 있다.

또한 문화권 별로 선호하는 유방 성형술에 차이가 있다는 연구도 있다. 이를테면 미국에서는 보형물을 이용한 확대술이, 브라질에서는 축소하는 시술이 인기 있으며, 카메룬에서는 유방을 납작하게 만드는 시술, 네덜란드에서는 유륜의 크기를 축소하는 시술이 널리 행해진다고 한다. 문제는 이러한 수술이 안전하기만 한 것은 아니라는 점이다. 어떤 수술이든 크고 작은 부작용을 동반할 가능성이 있으며, 특히 유방 확장술에는 보형물이 사용되기 때문에 더욱 주의가 필요하다. 보형물 자체가 면역 반응을 일으킨다는 보고도 있고, 보형물이 터지거나 누수로 인해 문제가 생길 수 있다. 특히 실리콘 보형물이 터지면 근처 조직으로 침투하여 완전한 제거 자체가 불가능하다.

2011년 미국 식품의약품안전처는 유방 보형물이 특정 림프종을 유발할 수 있다는 사실을 공식적으로 인정했다.[17] 국내에서도 지난 5년 동안 식약처에 보고된 추적 관리 대상 인체 이식 의료기기 부작용 사례 4,884건 중 88%인 4,324건이 실리콘 겔 인공 유방 제품과 관련 있었다.[18] 의료관광의 주력 상품이 될 만큼 성형수술 시장은 커졌지만, 정작 수술받은 여성들에 대한 보호 장치는 찾아보기 어렵다. 게다가 이러한 미용 시술은 공적 의료보장체계 안에서 시행되지 않는 경우도 많기 때문에, 문제가 생겨도 피해자가 이를 공론화하거나 적극적으로 문제 제기하기 어렵다. 시술 단계에서 등록 체계를 만들고 사후 관리를 하거나 부작용 모니터링을 하는 것도 어렵다. 최근 국내에서도 유방 보형물 부작용으로 의심되는 림프종 첫 발병 사례가 보고되었다.

———

제대로 된 모니터링과 관리 체계를 만드는 것이 발등의 불이 된 셈이다.

어떤 유방이 아름다운 것인지 꼼꼼하게 규율하고 그 기준을 따르도록 사회적 압력을 가하지만, 정작 그 기준을 맞추는 과정에서 발생한 문제는 오롯이 여성의 책임이다.

● 유방을 둘러싼 정치 vs. 과학

그런가 하면, 여성의 유방은 정치적 투쟁과 과학적 논쟁이 벌어지는 격전의 장이기도 하다. 여성 유방암 환자들의 권리 운동은 서구 건강사회운동(health social movement)의 중요한 부분이었다.

유방암 운동은 1970년대 서구의 시민권 운동 안에 자리한 여성, 환자, 소비자 권리 운동에 뿌리를 두고 있다. 당사자, 즉 유방암 생존자들과 페미니스트 활동가들은 환자의 역량을 강화하고 의학적 정보가 환자에게 공유되어야 하며, 전문가가 아닌 일반 시민도 의학적 지식을 배울 수 있다는 생각에 초점을 두고 환자 권리 운동의 새로운 의제를 제시했다. 이들은 의사들이 독점한 권위에 의문을 제기하고 의학적 치료 과정에 대한 정보를 요구했으며, 의사 결정에 환자들이 보다 중심적인 역할을 해야 한다고 주장했다. 오늘날 관점에서 봐도 급진적이지만, 당시로서는 그야말로 경천동지할 주장이었다. 암이라는 심각하고 전문적인 문제를 다루는데 의료 전문가가 아닌 환자 당사자들이 참여해야 한다니! 어떤 연구가 필요한지 환자들이 의사에게 요구할 수 있다니! 유방암 생존자들은 네트워크를 조직하고, 정부를 압박하여 유방암에 대한 연구 기금을 조성하고 환자 지원 체계를 마련하는 데 커다란 기여를 했다.

여성들은 여기서 멈추지 않았다. 1990년대 초반에는 조금 더 급진적인 유방암 운동이 출현했다. 이들은 특별히 환경 요인과 유방암의 관련성에 주목했다. 유방은 여성 몸의 일부이고, 살아가면서 위험한 환경에 노출되는 것은 여성 자신임에도, 마치 유방이 여성 몸 바깥 어딘가에 걸려 있고 거기에서 위험 요인에 노출되는 것처럼 그려지는 것에 이들은 반대했다. 또한 이전의 유방암 운동이 조기 검진이나 실천 같은 여성 개인의 행태에 지나치게 주목함으로써, 유방암이 마치 환자 본인의 책임인 것처럼 여겨지게 된 점도 비판했다.

사실 의학 교과서에 가장 중요하게 언급되는 유방암 위험 요인은 에스트로겐 노출이다. 첫 번째 출산이 빠르고 아이를 많이 낳은 경우, 수유 기간이 긴 경우에는 에스트로겐 노출이 줄어들면서 유방암 위험이 감소한다. 반대로 첫 출산이 늦어지고 아이를 적게 낳고 수유 기간이 짧은 경우, 혹은 에스트로겐 함량이 높은 피임약을 장기 복용하는 경우에는 유방암 위험이 커진다. 비만은 에스트로겐 생성에 관여하는 지방세포의 증가를 의미하기 때문에 역시 유방암의 위험 요인이다. 이들은 모두 생물학적 요인, 호르몬 요인으로 교과서에 소개된다.

하지만 출산에 대한 여성의 통제권이 강해지고, 여성의 교육과 노동시장 진출이 늘어나면서 자녀 수가 줄어들고 첫 출산이 늦어지는 현상이 과연 '생물학적'인 것일까? 이 생물학적 위험 요인을 피하기 위해 여성들은 대학 교육과 일자리를 포기해야 하는 것일까? 환경성 유방암 운동의 주장처럼, 유방은 여성의 몸에서 분리된 채 실험실에서 에스트로겐에 노출되고 있는 것이 아니다. 여성의 삶과 환경이 유방에 위험을 초래하기도 하고 또 보호 요인으로 작동하기도 하는 것이다.

유방암은 국내에서 갑상샘암 다음으로 여성에게 흔한 암이다. 가장 최근 통계인 2015년만 해도 22,550명이 새롭게 진단을 받았고, 발생률은 매년 꾸준히 높아지는 중이다. 다행인 것은 조기 진단과 치료법의 혁

신에 힘입어 생존율 또한 꾸준히 높아지고 있다는 점이다. 앞선 세대의 유방암 운동이 가져온 성과의 혜택이기도 하다. 그러나 주목할 점은 1980년대만 해도 유방암은 '서구병'으로 일컬어지며 사회경제적 지위가 높은 계층에서 사망률이 높았지만, 진단과 치료 기술의 확산이 이루어진 지금은 상황이 역전되었다는 점이다. 새로운 암 환자는 여전히 높은 사회계층에서 많이 발생하지만, 사망률은 낮은 계층에서 더 높다. 여성 내부에서도 위험이 불평등하게 분포하고 있음을 보여 준다.

국가에서 정해 준 바에 따라 이상적으로라면 한쪽 부피가 겨우 250cc밖에 안 되는 작은 기관이지만, 호르몬, 생활 습관과 문화적 관습, 사회적 환경, 그리고 섹슈얼리티를 둘러싼 이데올로기와 사회 불평등의 격전이 벌어지는 이곳. 어쩐지 오늘은 각자의 가슴에 위로의 말이라도 건네야 할 것만 같다.

심장

감정노동이라는 개념을 정립한 앨리 혹실드 『감정노동』의 원래 영문 제목은 'The Managed Heart: commercialization of human feeling'이다. 그대로 옮기자면 '관리되는 심장: 인간 감정의 상업화'가 된다. 사실 감정은 뇌에서 일어나는 전기 자극과 화학반응의 결과물이지만, 누구도 심장이 덜컥 내려앉았다, 가슴이 아프다, 억장이 무너진다는 표현에 시비를 걸지 않는다. 그리고 이게 아주 틀린 것만도 아니다.

심장은 우리 몸에 혈액을 공급하는 펌프로서 인간이 살아 있는 한 쉬지 않고 운동한다. 자율신경계의 지배를 받기 때문에 내가 심장을 뛰게 해야지 혹은 멈추게 해야지 마음먹는다고 그렇게 되지도 않을 뿐더러, 내 의지와 무관하게 정서와 스트레스에도 굉장히 민감하다. 평소에 심장이 제대로 뛰는지 여부를 의식하는 사람은 별로 없지만, 막 출발하려는 지하철에 탑승하기 위해 전력 질주를 하거나 업무상 중요한 발표를 앞두고 있다면 미친 듯 쿵쾅거리는 자신의 심장을 자각할 수 있다. 막장 드라마에서 갈등의 최고조에 시어머니가 가슴팍을 쥐어뜯으며 쓰러지는 장면도 어느 정도는 사실이다.

심장 근육에 혈액을 공급하는 관상동맥이 동맥경화로 좁아져 있다가, 급작스러운 스트레스에 직면하면 교감신경이 자극되어 혈관이 더욱 좁아지거나 혈전으로 막힌다. 그러면 산소와 에너지를 공급받지 못한 심장 근육이 더 이상 제대로 된 펌프질을 할 수 없고, 심장 근육이 괴사하면서 가슴 통증이, 그리고 뇌에 산소가 공급되지 못하면서 의식을 잃게 된다. 이것이 바로흔히 '심장마비'라고 말하는 급성 심근경색이다.

관상동맥이 좁아진 정도가 심하지 않다면 약물 요법이나 혈관에 관을 삽입하여 막힌 곳을 뚫어 주는 경피적 관상동맥중재술을 시행하면 되지만, 심한 경우에는 수술을 해서 관상동맥 혈관을 교체해 줘야 한다. 시간이 경과할수록 심장 근육의 괴사가 진행되고, 저산소증으로 인한 뇌 조직의 손상이 심해지기 때문에 증상발생 이후 빠르게 혈관을 '재개통'시키는 것이 매우 중요하다. 두 시간 이내, 이상적으로는 한 시간이 골든타임이다. 그래서 심근경색 증상 발생 이후 골든타임 이내에 의료 기관에 도착하는 환자들의 비율, 응급 처치

—

후 사망률은 지역사회 의료 서비스의 질이나 응급 의료 시스템의 적절성을 평가하는 잣대로 널리 쓰인다. 그리고 뜻밖에 보건의료 체계에서의 젠더 불평등을 평가하는 좋은 척도이기도 하다.

● **다른 것을 다르게 보지 못해서 생기는 문제**

뇌의 구조나 인지 능력의 경우에는 남녀 간의 작은 차이라도 확인하고 의미를 부여하려 애썼다. 그러나 정작 심장병에서는 남녀 간의 차이를 제대로 인식하지 못해서 생기는 문제가 심각하다.

심근경색은 대부분의 선진국에서 질병 부담의 중요한 요인이다. 발생률 자체는 남성이 더 높고, 사망률도 남성이 높은 편이다. 국내 자료에서도 급성 심근경색 환자 수는 남성이 여성에 비해 두 배 정도 많다. 술이나 담배 같은 행태 요인의 차이뿐 아니라 여성 호르몬의 보호 효과가 있기 때문이다. 여성의 경우 호르몬의 보호 효과가 사라지면서 노년 이후 환자 수가 급격하게 증가하여 남녀 간 격차는 줄어든다.

그런데 비슷한 연령대, 비슷한 중증도의 급성 심근

—

경색이 발생한 경우에는 여성의 사망률이 남성보다 높다. 이를테면 1999~2006년 동안 14개국에 위치한 113개 병원에서 급성 관상동맥 증후군 환자들(여성 7,638명, 남성 19,117명)의 임상 정보를 분석한 결과에 따르면, 중증도가 비슷한 경우에 여성이 경피적 관상동맥 중재술을 더 적게 받고, 베타 차단제나 스타틴 같은 약물 처방도 더 적게 받은 것으로 나타났다. 또한 중증 사례인 경우, 여성의 사망률이 남성보다 높았고, 6개월까지의 경과를 추적했을 때도 사망, 심근경색 발생, 재입원 등 부정적 결과를 보일 가능성이 남성보다 1.24배 높았다.

국내에서 건강보험 청구 자료를 이용하여 급성 심근경색 이후 1개월과 3개월 이내 사망률을 분석한 결과에서도 모든 연령대에서 여성의 사망률이 남성에 비해 높았다. 예컨대 2014년 기준으로, 심근경색 발생 이후 1개월 내 사망률은 남성이 4.9%인데 비해 여성은 10.7%였고, 젊은 연령층일수록 그 차이는 더 큰 것으로 나타났다. 물론 건강보험 자료의 특성상 이러한 사망이 직접적으로 심근경색에 의한 것인지 확정할 수 없고, 앞서 소개한 국제협력 연구처럼 중증도를 고려하지는 못했다는 한계점은 있지만, 이는 결코 무시할 수 없는 소견이다.

왜 이런 일이 벌어질까?

우선 여성의 경우 증상이 나타나고 나서 병원에 도
착하여 치료를 받기까지의 시간이 지연되는 경향이 있
다. 이는 여러 나라의 연구들에서 공통적으로 관찰되는
현상이며, 국내에서도 마찬가지다. 2014년 한 해 동안
전국의 권역, 지역 응급 의료 기관을 방문한 급성 심근
경색 환자 전수를 분석한 연구에 따르면, 증상 발생 이
후 골든타임인 두 시간 이내에 응급실에 도착하지 못할
가능성이 여성에게서 30% 정도 높았다.

미국에서 출판된 한 논문은 첫 번째 급성 심근경
색으로 입원 치료를 받은 여성 환자 52명과의 심층 면
담을 통해 응급실 방문까지의 '의사 결정 궤적'을 분석
했다. 연구팀은 환자의 증상 인식과 해석, 행동의 촉발,
타인의 역할 등과 관련하여 의사 결정 궤적을 몇 개의
유형으로 분류했다.

가장 신속하게 대응을 했던 '알자마자 바로 움직임'
그룹은 증상이 너무나 심각하고 압도적이었기에 이것
이 심근경색이라고 생각할 새도 없이 대부분 증상 발현
한 시간 이내에 응급실을 방문했다.

두 번째 그룹은 증상을 깨닫고 나서도 스스로 움직
인 게 아니라 긴가민가하면서 지체하다가 남편이나 자
녀, 혹은 회사 상급자들이 권유하거나 독촉해서 응급실

을 방문한 사례들이었다. 당연히 이 과정에서 시간이
지연되었다.

세 번째 그룹은 증상을 인식하고 나서 병원에 가기
는 갔는데 혼자 운전을 해서 가거나, 응급실이 아니라
동네 의원에 접촉했다. 이들은 911에 전화해서 소란을
피우고 사람들에게 주목받는 상황을 꺼리는 경향이 있
었다.

네 번째 그룹은 증상이 시작된 후 치료를 받아야
한다는 것은 알았지만, 밤 시간이나 주말에 다른 사람
들에게 폐를 끼치는 것이 싫어서 날이 밝을 때까지 혹
은 월요일까지 기다리는 유형이었다. 논문에 소개된 여
성 노인의 사례를 읽으면서 나는 '우리 엄마가 왜 여기
서 나와?' 하며 깜짝 놀랐다. 엄마는 심근경색은 아니었
지만 담석으로 극심한 고통에 시달리면서도 밤새 참다
가 아침이 되어서야 나한테 연락을 했었다. 심지어 그
날이 토요일이었는데 응급실에 얼른 가자고 했더니만
수선 떨지 말고 월요일 외래에 가겠다고 우기는 바람에
나의 인내심이 폭발하기도 했다.

다섯 번째 그룹은 혼자 소화제를 먹고 탄산음료도
마시는 등 증상을 완화시키기 위해 갖은 애를 쓰다가
결국 증상이 아주 심각해져서야 응급실을 찾은 이들이
었다. 이 여성들은 만일 구급차를 불렀다가 별것 아니

———

면 어떡하느냐, 병원에서 괜히 바쁜 사람들 시간 뺏는 것은 아닐까, 소화불량인데 수선 떨었다가 웃음거리가 되는 것은 아닐까 다양한 걱정을 하고 있었다. 심지어 마지막 그룹은 증상이 그저 사라지길 기다리면서 참고 시간을 지체한 이들이었다.

이러한 사례들은 공통적으로 심근경색 증상에 대한 여성들의 지식이 부족하다는 것을 보여 준다. 만일 자신의 증상이 심근경색을 나타내는 것임을 알았다면 얼른 서둘렀을 가능성이 크다. 그런데 심근경색 증상이 항상 가슴 통증으로 나타나는 것은 아니다. 때로는 속이 더부룩하거나 식은땀이 나고 구토와 메슥거리는 것처럼 '체했다'고 오해하기 좋은 증상들이 나타나기도 한다. 실제로 여러 연구들은 턱 부위 통증이나 오심/구토 같은 심근경색의 '비전형적' 증상이 여성에게서 더 흔히 나타난다고 보고했다. 그래서 소화제나 탄산음료를 먹으며 증상을 달래 보려 했다는 이야기가 나오는 것이다.

문제는 이러한 불확실성 앞에서 여성은 민폐를 끼치거나 소란을 떠는 것이 부적절하다고 생각하고, 혹은 별것 아닌 문제로 밝혀졌을 때 비난받을 것이 두려워 구급차에 연락을 취하거나 응급실 방문을 미루었다는 점이다. 자칫하면 나의 생명이 위협받는 상황에서조

—

차 자기 검열을 하는 것은 비단 의료 서비스만이 아니라 삶의 여러 영역에서 관찰되는 '여성적' 속성이다.

● 보건의료 시스템의 젠더 바이어스

병원에 도착했다고 해서 문제가 끝난 것은 아니다. 2018년 미국 국립과학회보에 발표되어 커다란 화제가 되었던 논문이 있다. 연구팀은 1991~2010년 동안 심근경색으로 병원 응급실을 방문한 환자들의 임상 경과를 환자 성별과 진료 의사 성별에 따라 비교 분석했다. 응급실은 환자가 의사를 선택해서 진료를 받을 수 있는 곳이 아니기에 무작위 실험과 유사한 상황이라 할 수 있다.

분석 결과, 연령이나 여타 심장병의 위험 요인들을 고려하고 나서도, 전반적으로 여성 환자의 생존율이 남성보다 낮은 것으로 나타났다. 이때 환자와 의사의 성별 일치는 사망률을 줄이는 데 유의미한 효과가 있었다. 여성 의사들이 진료한 남성 환자와 여성 환자의 생존율 차이는 별로 없었지만, 남성 의사들이 진료한 환자의 경우 성별에 따른 차이가 컸다. 가장 경과가 안 좋은 이들은 남성 의사에게 치료받은 여성 환자들이었다.

—

구체적으로 어떤 요인이 '남성 의사와 여성 환자' 조합의 부정적 결과에 영향을 미치는지 확인할 수는 없었지만, 다른 연구를 통해서 단서를 찾을 수는 있다.

미국 국립의학연구소는 2003년에 보건의료에서 인종/민족 불평등을 다룬 중요한 보고서를 출간한 적이 있다. 보건의료에서 관찰되는 인종 간 불평등이 사회경제적 격차에서 비롯된 '접근성' 차이만으로는 설명할 수 없다는 문제의식에서, 불평등의 원인을 파악하기 위해 광범위한 연구 결과들을 종합한 보고서였다.

연구진은 접근성만이 아니라 '의료의 질' 자체에 체계적인 불평등이 존재한다는 점을 확인했다. 똑같은 질병과 사회경제적 상황에서도 소수 인종일수록 심장병 치료, 관상동맥 치환술, 신장 이식, 기본적인 임상 서비스와 집중 치료 등을 덜 받거나 질 낮은 진료를 받는 경향이 있었다. 이 보고서에도 특히 심장 질환에 대한 연구 결과들이 두드러졌다. 연구팀은 진료 과정에서 환자와 의사의 태도가 인종에 영향을 받으며, 특히 인종과 관련한 치료 제공자의 바이어스, 고정관념, 편견, 임상적 불확실성 등이 중요한 역할을 한다고 결론 내렸다. 아마도 의사 성별에 따른 여성 심근경색 환자들의 생존율 차이도 이러한 맥락에서 이해할 수 있을 것이다. 비전형적인 증상이나 상호 존중에 기반한 적극적

—

의사소통의 실패, 남자 의사들의 젠더 바이어스가 이러한 결과에 기여하지 않았을까?

OECD 국가 중 여성 의사의 비율이 가장 낮은 국가인 일본에서, 차별적 입시 규정을 통해 여학생의 도쿄의대 입학을 가로막은 사건은 국제적으로도 큰 뉴스거리였다. 이는 여자라는 이유만으로 의대 입시에서 탈락한 개인들에게만 해악을 끼친 것이 아니다. 어쩌면 피할 수 있었던 여성 환자의 사망을 방조하는 것이었을 수도 있다. 앞서 소개한 논문에서, 남성 의사들은 응급실에 동료 여성 의사가 많을수록, 또 여성 환자를 진료한 경험이 많을수록 임상 경과가 개선되는 것으로 나타났다. 연구팀은 아마도 여자 의사를 통해 여성 환자에 대한 지식이 진료 프로토콜에 반영되거나 유출효과(spill-over)가 있기 때문일 것이라고 추정했다.

심장병의 발생과 임상 경과에서의 젠더 차이는 남성적인 증상이 표준으로 간주되고, 여성들은 자신의 건강 문제를 사소화하고 검열하며, 의료 체계에서의 젠더 편향과 젠더 고정관념이 여성 건강에 악영향을 미칠 수 있다는 것을 보여 주는 좋은 사례이다.

사회적 삶에서 개인들을 대리해 권리를 옹호해 주

는 전문가의 인종이나 성별이 임금, 승진, 법적 분쟁 등 여러 결과에 영향을 미친다는 연구는 많다. 굳이 연구까지 하지 않더라도, 한국의 디지털 성범죄나 젠더 폭력에서 남성 경찰, 남성 판사들이 보여 준 행태를 떠올리면 쉽게 이해할 수 있다. "#경찰이라니_가해자인줄"이라는 해시태그 운동이 괜히 나온 게 아니다. 여성들이 모두 실력파에 도덕적으로 완벽한 존재는 아니겠지만, 여성들의 더 많은 사회적 진출이 동료 여성의 사회적 성취와 안전, 건강을 지키는 데 중요하다는 것만큼은 분명해 보인다. 심장병 사례는 그 의미의 아주 작은 일부를 보여 줄 뿐이다.

비만

파오후? 메갈? 메뙈지?

아마도 이것들만큼 여성 비하와 외모 비하를 '동시에 제대로' 시전하는 단어도 찾기 어려울 것 같다. 인터넷 용어인 파오후는 뚱뚱한 사람이 숨 쉬는 소리로부터 가져왔다고 한다. 메갈은 메르스 갤러리로부터 파생되어 한국 페미니즘의 역사를 바꾼 게시판 메갈리아 유저, 소위 '극렬 페미니스트'를 일컫는 멸칭이다. 메뙈지는 '메갈'과 '돼지'를 합친 단어인데, 메갈리아 성향의 여성들, 극렬 페미니스트들은 돼지처럼 뚱뚱하고 외모 열등감이 폭발하는 존재들이라는 뜻을 내포하고 있다. 와우! 일단 이 대목에서 박수 한 번! 은밀하게 만연해 있던 여성혐오와 외모 차별을 이렇게 한 방에, 투명하게 드러내다니! 이러한 창의력을 다른 생산적인 일에 썼으면 더 좋았을 것을, 안타까운 사회적 손실이다.

사회가 여성의 외모와 행동거지를 규율하는 방식

—

135

은 몹시도 체계적이고 촘촘하지만, 가장 못 견뎌하고 싫어하는 것은 '뚱뚱함'이다. 뚱뚱함은 단순히 몸무게가 많이 나가는 것을 의미하지 않는다. 뚱뚱한 여자들은 성격도 나쁘고 자기 관리도 못 하는 데다 페미니즘 같은 나쁜 사상에 물든 존재다. 뚱뚱한 여성들은 자신도 모르게 지금 페미니즘 전사로 활동하고 있는 중이다.

여성의 바람직한 체구에 대한 기준은 역사적으로 계속 변해 왔고, 여성들은 거기에 적응해 왔다. 당나라의 미녀 양귀비도 오늘날 기준으로 보면 뚱뚱한 몸매이고, 르네상스에서 신고전주의에 이르기까지 유명한 서양 명화에 등장하는 미녀 중 마른 사람은 찾기가 힘들다. 풍만함은 풍요와 다산의 상징이었다. 그런가 하면 미국 개척시대 이후 상류층 여성의 아름다움이란 남편이 한 손으로 감싸 쥘 수 있는 잘록한 허리와 '병약미'였다. 일은 노예들이 해 주니까 몸이 약해도 상관없다. '잘 쓰러지는 비법'이 공유되고, 허리 사이즈를 줄이기 위해 갈비뼈 제거술을 받는 경우까지 있었다고 하니 당시 사회적 분위기가 어땠을지 짐작이 간다. 이런 몸이라면 독립적 인간으로서 사회적 역할은커녕 남편의 전리품 역할에 충실할 수밖에 없었을 것이다.

하지만 이들조차도 오늘날 뼈 위에 가죽을 입힌 듯한 말라깽이 패션모델들을 따라가지는 못할 것이다. 어린 여성 모델이 섭식장애[19]로 죽음에 이르는 상황이 발생하고 나서야, 사람들은 마름 숭배 문화를 고치기 위해 나서기 시작했다.

● 사회 불평등과 젠더 규범의 교차점

오늘날 비만에 대한 비난과 편견은 남녀를 불문하고 자기 관리 이데올로기와 연관되어 있다. 비만은 의지박약과 게으름의 상징이다. 심지어 이런 개인의 나태함 때문에 다른 사람에게 피해까지 주는 존재로 여겨진다. 동물권 옹호로 유명한 철학자 피터 싱어는 그의 책 『죽음의 밥상』의 '비만의 윤리학'이라는 글에서 이렇게 이야기했다.

"지금 미국인 열 명 중 세 명이 비만이며, 약 3분의 2가 과체중이다. 여기에는 윤리적인 함의 또한 있다. 만약 내가 과식을 거듭하고 비만으로 인한 건강 문제가 생겨서 병원 치료를 받아야 한다면, 그 비용의 일부를 다른 사람이 부담하게 될 수 있다. (…) 건강에 좋지 않은 식품을 먹는 것은 개인의 자유인 것 같지만, 궁극적으로 거기에 비용을 부담해야 하는 사람들에게는 공

—

정하지 않다. (…) 뚱뚱한 사람은 모두 죄인이라고는 할 수 없다. 또 어떤 사람은 식습관 장애나 소화 대사의 이상으로 비만이 되기도 한다. 그러나 단지 먹는 게 즐거워서 많이 먹고 살이 찐 사람들은 좀 더 자제할 필요가 있다. 오래된 미덕인 검소함과 함께, 탐식은 죄악이라는 관념은 오늘날 시급히 재조명되어야 한다."

이러한 주장에는 개인의 식생활과 신체 활동, 라이프 스타일이 모두 합리적 개인의 자유로운 의사결정에 의한다는 전제가 깔려 있다. 하지만 과연 그런가?

비만은 다른 많은 건강 문제가 그렇듯 생물학적 요인과 사회적 요인의 복잡한 상호작용 속에서 일어난다. 거시적으로는 국제 무역협정과 다국적 기업의 활동을 촉진하는 세계화가 식품 소비 형태에 커다란 영향을 미친다. 이를테면 소규모 어업과 농업에 의존하던 섬나라 미크로네시아는 미국 해군기지가 들어서고 식량 원조를 받기 시작하면서 식습관이 완전히 바뀐다. 이후 비만율은 '유행'이라 할 만큼 폭등했다. 또한 태아기에 영양 결핍에 노출된 경우, 환경에 적응하기 위해 '에너지 절약 체질'로 세팅이 되고, 이후 성인기에 과도한 열량을 섭취하는 경우 비만해질 가능성이 훨씬 커진다. 게다가 스트레스는 비만의 중요한 위험 요인이다. 보상

심리로 고열량식을 섭취할 가능성도 높고, 스트레스 호르몬 자체가 복부 비만을 촉진한다. 무엇보다 건강한 식생활과 적절한 운동, 스트레스 회피에는 '자원'이 필요하다. 이때의 자원이란 금전적 여유일 수도 있고, 높은 지위, 시간 여유, 사회적 자본, 구체적 건강 지식과 인지적 자원일 수도 있다. 그래서 현재 대부분의 선진국에서 비만은 사회경제적 자원의 불평등을 드러내는 중요한 공중보건 이슈로 다뤄지고 있다.

풍족하지 않던 시절에는 배도 좀 나오고 살집이 있어야 '잘 먹고 잘사는' 사람이라는 인식이 있었지만, 요즘 드라마나 영화 속 재벌들은 하나같이 모델 몸매를 가지고 있다. 국내 통계에서도 사회적 지위와 비만율 사이에는 역(逆) 관계가 존재하는데, 이는 여성에게서 특히 뚜렷하다.

2013~2015년 조사 자료에 의하면, 여성의 경우 '중졸 이하'의 학력인 경우 비만율(체질량지수 25 기준 적용)이 33.5%인데 비해, '고졸'일 때 22.2%, '대졸 이상'일 때 16.4%로 나타났다. 남성의 학력 수준별 비만율은 각각 35.7%, 39.0%, 41.0%로 오히려 고학력일수록 비만율이 높아지는 결과를 보였다. 소득에 따른 비교에서도 남자는 차이를 보이지 않았으나, 여자는 소득이 높아질수록 비만율이 낮아지는 뚜렷한 역 관계를 드러냈

—

다. 가난이라는 굴레와 비만이라는 사회적 낙인이 짝을 이루는 가운데, 젠더 이슈까지 얽힌 상황이다. 여성에게서 이토록 뚜렷한 불평등 현상이 관찰되는 이유에 대해서는 추가 연구가 필요하겠지만, 외모에 대한 젠더 규범이 강력하게 작동하는 가운데 사회적 불평등이 교차하는 것으로 볼 수 있다.

● **과체중과 저체중 사이에서**

여기에서 짚고 넘어가야 할 것은 한국의 비만율이 다른 고소득 국가들에 비해 상당히 낮다는 점이다. 남녀 모두 일본과 함께 OECD 회원국 중에서 가장 낮은 비만율을 기록하고 있다. 이를테면 체질량지수 30을 기준으로 한 여성의 비만율은 미국 41.6%, 영국 26.6%, 프랑스 17.4%인데 비해 한국과 일본은 각각 5.1%와 4.0%에 불과하다.

그뿐만 아니라 여성의 비만율은 남성에 비해 훨씬 낮다. 지난 10년 동안 성인 여성의 과체중, 비만율은 꾸준히 감소한 데 비해 남성의 비만율은 꾸준히 상승 중이다.

반면 체질량지수가 18.5에 미치지 못하는 저체중

비율은 여성에서 꾸준히 늘어나고 있다. 특히 20대 여성들을 놓고 보자면 비만율(체질량지수 25 기준 적용)이 12.7%인데 저체중 비율이 19.2%로 비만보다는 오히려 저체중 문제를 걱정해야 하는 상황이다. 젊은 여성일수록 또래 남성에 비해 비만은 적고 저체중이 많다. 이는 외모에 대한 젠더 차별적 사회 압력을 짐작케 한다. 이러한 성별 차이는 청소년기부터 관찰된다. 사실 성인의 비만율이 감소 추세인 것에 비해 청소년 비만율은 조금씩 상승하고 있어서 우려스럽다. 그래봐야 여자 청소년의 비만율은 2017년 9%로 남자 청소년의 18.5%에 비해 여전히 절반에 불과하다.

하지만 당사자들 생각은 다르다. 체질량지수의 백분위가 85% 미만에 해당하는 정상 체중인데도 자신이 뚱뚱하다고 생각하는 여학생 비율은 학년이 높아질수록 상승했다. 고등학교 3학년 여학생의 경우, 정상 체중인 세 명 중 한 명 이상이 자신을 뚱뚱하다고 생각했다. 남학생들도 정상 체중 네 명 중 한 명은 자신이 뚱뚱하다고 생각했지만, 학년에 따라 비율이 크게 달라지지는 않았다. 이런 상황에서 여자 중고생의 42.5%가 지난 한 달간 체중 조절을 시도해 본 적이 있다고 응답했다. 남학생의 24.0%에 비하면 상당히 높은 수치이다.

비만은 심장병과 암, 관절 질환 등 많은 만성질환의 중요한 위험 요인이다. 그래서 전 세계적으로도 비만 퇴치를 위해 많은 노력을 기울이고 있다. 그러나 여성들에게 가해진 과도한 체중 관리 요구는 이런 공중보건 노력과는 관련이 없다. 오히려 인형처럼 빼빼 마른 아이돌의 외모가 '표준'처럼 각인되면서, 여성들은 일찌감치 체중 조절에 강박적으로 매달리고 있다. 국내 다이어트 시장 규모가 연간 10조에 달한다는 추정도 있다.[20] 이로 인해서 초래되는 건강 피해는 결코 작지 않다.

2013년 건강보험심사평가원이 지난 5년(2008~2012년) 동안 섭식장애 관련 진료 내역을 분석하여 발표한 적이 있다. 진료 인원은 2008년 10,940명에서 2012년 13,002명으로 연평균 4.5%씩 늘어났으며, 총진료비도 25억 6천만 원에서 33억 9천만 원으로 연평균 7.3%씩 늘어났다. 전체 환자의 80%를 여성이 차지했으며, 20대가 차지하는 비중이 가장 컸다. 그러다 보니 20대에서 섭식장애 진료 인원의 남녀 차이는 무려 8.8배에 달했다.[21] 국제적으로도 섭식장애로 인한 질병 부담은 여성이 남성에 비해 3~4배나 크다.

남태평양의 섬나라 피지의 사례는 의미심장하다. 이곳에는 텔레비전이 도입되면서 여성들의 섭식장애가 급증했다. 식사를 하고 나서 스스로 토하는 방법으로 체중을 조절하려는 소녀들의 비율이 1995년에는 0%, 즉 거의 없었는데 1998년이 되면 11.3%가 된다. 문제의 근원이 어디에 있는지 잘 보여 준다.

이쯤 되면, 우리 사회가 한가롭게 여성 몸매나 품평하고 잔소리를 늘어놓을 때가 아닌 것 같다. 비만을 낳는 사회적 요인과 불평등 문제, 그리고 과도한 체중 관리 압박이 가져오는 건강 피해 문제에 훨씬 더 적극적인 대응이 필요한 때다.

특히나 청소년들에게 더 큰 관심이 절실하다. 청소년들이 좋아하는 연예인이 콜라나 피자 광고에 단골로 출연하고, 학업에 알바에 바쁜 청소년들이 편의점에서 패스트푸드로 끼니를 해결한다. 그런가 하면 끼니 거르기나 각종 약물 복용을 통해 극심한 체중 관리를 하는 청소년도 적지 않다. 이 문제가 제때 해결되지 않는다면, 비만 문제뿐 아니라 저체중과 섭식장애, 정신 건강 문제로 고통받는 소녀들을 양산하게 되고, 세월이 흐르면 다시 만성질환에서 거대한 불평등에 직면하게 될 것이다. 부디 여자 몸매 품평 좀 그만하고, 청소년의 건강, 조국의 미래를 걱정하자.

—

자궁

3kg이 넘는 아기를 품을 수 있는 자궁.

의외로 평소 사이즈는 여성 자신의 주먹보다도 작다. 무게도 100g이 채 안 된다. 자궁으로부터 질을 거쳐 음순으로 끝나는 이 작은 신체 부위. 어찌 된 일인지 이곳에서는 온갖 숭배와 혐오의 카오스가 펼쳐진다.

새 생명을 잉태하는 고귀한 장소이기도 하고, 책에 쓸 수 있는 단어 중에는 '걸레'가 그나마 점잖은 표현일 만큼 각종 욕설의 보고이기도 하다. 한편, 자기주장 강한 여성을 비아냥대는 '보슬아치'('보지'+'벼슬아치')라는 단어에서 볼 수 있듯, 인간 '말종'들에게 창의적 영감을 불러일으키는 곳이기도 하다.

뇌와 심장을 두루 가지고 있음에도 여성을 숭배하는 자들이든 혐오하는 자들이든 인간 여성의 몸에서 '가장' 중요하다고 생각하는 상징적 장기이기도 하다.

———

● 직접적 통제

이토록 인기 있는 '핫플레이스'이지만, 의외로 여성 자신도 잘 모르는 부분이기도 하다. 얼마 전에 만났던 탈학교 청소년 활동가는 요로와 질의 입구가 다르다는 사실을 몰라서, 한동안 생리 중에 소변을 보러 갈 때마다 탐폰을 뺐다는 이야기를 들려주었다.

그런가 하면, 2000년대 초반 이주 노동자 진료 활동 당시, 가장 난감한 경우는 환경을 훨씬 지난 중국 출신의 여성 노동자들이 언제 삽입했는지 기억조차 없는 자궁 내 피임 장치를 빼 달라고 할 때였다. 우리가 임시로 차린 진료 부스에는 산부인과 진료용 의자가 없었기에 병원으로 의뢰할 수밖에 없었다. 하지만 의뢰를 받은 우리 또래의 젊은 산부인과 의사들도 난감해하기는 마찬가지였다. 그렇게 오래 묵은 장치를 빼내는 데 익숙하지 않았기 때문이다. 인구 줄이겠다고 국가가 마구잡이로 시술을 했으면, 나중에 빼 주기라도 해야 하는 거 아니야? 우리는 분통을 터뜨렸다. 물론 분통 터지는 일은 이것만이 아니다. 잘사는 나라는 잘사는 대로, 가난한 나라는 가난한 대로, 여성의 생식기를 통제한다.

현재 전 세계적으로 생식기 절단술을 시술받은 여

성이 약 2억 명일 것으로 추산된다. 대개 아프리카 지역과 일부 중동, 아시아 지역에서 이루어지지만, 가끔 유럽이나 북미 지역에서 이주민들의 음성적 시술이 뉴스가 되기도 한다.

이 시술은 보통 가족이나 마을의 성인 여성이 어린 이들에게 행한다. 비위생적 환경에서 투박한 도구로 시술을 하다 보니, 출혈이나 감염 때문에 목숨을 잃기도 하고, 이후에도 요로 감염과 월경 장애는 물론, 출산 과정에 심각한 합병증이 생기기도 한다. 아기가 나와야 하는 입구가 극도로 좁아져 있는 상태이기 때문에 진통 과정이 길어지고 태아가 사망할 가능성이 높아진다. 응급 제왕절개술, 회음부 절개술을 시행해야 하는 경우도 많다. 오랜 진통 과정에서 질 벽이 결손되면서 방광이나 대장 쪽으로 누공이 생기기도 한다. 이렇게 되면 소변이나 대변이 질 쪽으로 흐르게 된다. 감염과 염증이 잦고 심하면 농양이 생길 뿐 아니라, 악취도 문제다. 그러다 보면 다음 임신에 합병증이 발생하는 것은 물론, 누공 증상 때문에 배우자로부터 학대와 폭력을 당하기도 한다. 그래서 아프리카 지역의 모자보건 사업에는 가임기 여성의 누공 봉합술이 단골 프로그램이다.

도대체 왜 이런 시술을 하는 걸까? 여성생식기의 일부, 특히 성감의 중추인 음핵을 제거하지 않으면 여

———

성이 성적 탐욕에 사로잡힐 수도 있다는 우려 때문이다. 혼전 순결과 이후 정절을 보장하는 수단이라는 것이다. 중세 유럽에서 금속으로 만든 정조대를 여성에게 씌웠다면, 이 방법은 여성의 성기 입구를 문자 그대로 '꿰매 버려' 일탈을 원천 봉쇄한다. 어떤 문화권에서는 여성의 외부 생식기를 불결하고 추하다고 여기기 때문에 위생과 심미적 이유로 절제를 하기도 한다. 생식기 절제는 공동체에서 소녀가 여성이 되는 일종의 '의식'으로 간주되는가 하면, 결혼을 위한 전제 조건인 경우도 있다. 과학적 타당성이 없음은 물론이거니와 보건학적으로나 윤리적으로나 절대 용납할 수 없는 아동 학대 행위이다.

● 자발적 통제?

이렇게 폭력적인 강제는 아니지만, 한국 사회에 은밀히 퍼져 있는 성형 시술은 여성 성기에 대한 또 다른 압박이다. 10여 년 전 강남대로 건널목에서 우연히 맞은편 건물 산부인과 창문에 흘러가는 네온사인을 보고 문화 충격을 받았던 기억이 아직도 생생하다.

소음순 성형

처음에는 내가 뭘 잘못 본 줄 알았다. 이 대명천지에 '소음순' 네온사인이라니, 내가 본 게 맞나? 짧은 순간 여러 생각이 교차했다. 소음순이란 단어를 내가 지나치게 터부시하고 있나? 그래도 이건 좀 심한 게 아닌가? 이 글을 쓰면서 자료를 찾다 보니 이미 그 당시에 문제를 '공론화'하려는 연구들이 있었다.

2010년, 생식보건과 재생산권을 다루는 국제학술지《Reproductive Health Matters》는 성기 성형수술을 특집으로 다루었다. 편집자는 권두 논설을 통해, 자신도 성기 성형이 이토록 광범위하게 이루어지고 있는 줄은 몰랐다고 털어놓았다. 또한 주변의 생식보건, 재생산권 전문가들에게도 물어보니 현황은 고사하고 35세가 넘은 이들은 이런 시술이 있는지조차 모르는 경우가 태반이었다고 한다. 이게 벌써 10년 전 일이다. 지금 구글 검색을 해 보면 양귀비 수술이네 뭐네 생식기 성형 관련한 '버라이어티'한 광고, 이용 후기, 언론 기사를 가장한 광고들이 넘쳐난다. 경험 많은 전문가에게 시술하는 게 중요하다는 이야기는 어디서나 빠지지 않는다. 효과가 별로 없거나 부작용이 만만치 않다는 반증이다. 앞서의 국제학술지 특집호에서도 성기 성형술의 속성상, 이로 인해 발생하는 부작용이나 건강 문제가 얼마나 되는지, 실제 효과와 만족도는 얼마나 되는지 신뢰할 만한 통계는 없다는 점을 지적했다.

광고들은 공통적으로 부인과 질환에 탁월한 효과, 여성의 성감 회복을 위한 방법이라는 소개로 시작한다. 그러나 결국에는 파트너 남성의 만족으로 귀결된다. 표준적 혹은 적절한 사이즈와 모양, 색깔을 지니지 못한 성기는 비정상이다. 그러면 남성 파트너의 사랑을 받지 못하거나 '헤픈 여자'로 오해받을 수 있다. 그런데 성기 성형 시술이 바로 이 문제를 해결해 준다는 것이다. 심지어 결혼 준비 단계에서 웨딩플래너가 소개해 주는 경우까지 있다고 한다. 지구 반대편에서 이루어지는 성기 절단술과 달리, 위생적 환경에서, 전문의가 첨단 레이저를 사용하여, '여성의 요구'에 따라 이루어지는 시술이라지만, 여성의 섹슈얼리티를 사회적으로 통제하고 남성 의존적인 것으로 만든다는 점에서는 별 차이가 없다. 적극적인 상품화까지 생각한다면 한국 사회가 아프리카보다 상황이 더 낫다고 말할 자신이 없어진다.

남자에게 바쳐질 정절을 위해 실과 바늘로 통제할 것이냐, 여성 자신의 욕구로 포장된 남성의 만족을 위해 레이저로 통제할 것이냐, 그것이 문제로다.

● 시장과 국가의 통제

생식기 성형수술의 상품화는 자궁의 상품화에 비하면 '새 발의 피'일 수 있다. '자궁 렌탈' 혹은 '임신의 외주화'로 일컫는 대리모 시장 말이다. '씨받이'의 유구한 전통을 가진 한민족에게 대리모 그 자체는 그다지 낯선 개념이 아니다.

그러나 오늘날 대리모 '산업'은 스케일과 체계의 고도화 수준에서 차원이 다르다. 다른 공산품과 마찬가지로 부유한 1세계 시민들이 그 소비자이고, 가난한 제3세계 여성들이 생산자 역할을 맡는다. 베트남, 인도, 네팔, 우크라이나, 캄보디아 등 아시아 대리모 시장에서 불임으로 고통받는 서구의 이성애 커플, 남성 동성 커플은 중요한 고객이다. 영국, 독일이나 프랑스 같은 서구에서는 상업적 대리모가 법적으로 금지되어 있지만 인도에서는 한때 시장 규모가 연간 1조 원에 달할 만큼 성행하기도 했다.[22] 타일랜드, 인도, 네팔 등에서 외국인을 위한 상업적 대리모 출산이 금지되자 캄보디아가 신흥 강자로 떠오르고 있다.[23] 캄보디아의 대리모 서비스 패키지는 한화 약 4천만 원 정도. 미국에서 최소 1억 원이 드는 것에 비하면 '가성비' 갑이다. 출산율, 모성 사망률, 영아 사망률을 낮추는 것이 절박한 과제인 나라에서 체외수정이나 대리모에 대한 법적 기반이 제대로 마련되었을 리 만무하다. 바로 이 점이 캄보디아를 매력적인 시장으로 만든다. 가난한 여성들에게는 이만한 소득을 벌어들일 만한 일자리가 거의 없다. 중개업체들은 '아이를 갖고 싶은 커플'과 '가난한 여성' 모두를 돕는 일이라고 한다. 우리 몸에서 이렇게 대놓고 빌려주고 판매할 수 있는 장기가 또 있을까?

일찍이 마르크스는 노동자가 자본가에게 판매하는 것은 노동이 아니라 '노동력'이고, 이것이 착취적 관계의 본질이라고 이야기했다. 그런데 지금 대리모들은 아기를 낳을 수 있는 능력을 판매하는 것이 아니라 자궁 그 자체를 팔고 있다. 작금의 대리모 시장을 본다면 마르크스는 뭐라고 이야기했을까?

대리모 산업은 한국에서도 현재 진행형이다. 서구의 부유한 커플들만 자본주의의 혜택을 누려야 하는 것은 아닐 테니까. 2017년에는 한국 커플이 네팔에서 대리모를 통해 출산한 사례가 있음을 외교부가 직접 확인해 주기도 했다. '여대생'들이 손쉽게 큰돈을 벌기 위해 대리모 아르바이트를 한다는, 사회 고발의 외피를 쓴 선정적 르포 기사가 보도된 것이 이미 10년 전이다.[24] 대리모 임신을 합법화시켜 달라는 청와대 청원도 등장했다. 이쯤 되면, SF 소설과 영화들이 그리던 '아기 공

—

장' 혹은 '아기 농장'이 차라리 윤리적으로 보인다.

　시장만 '열일'하는 것은 아니다. 국가의 여성생식기 관리도 대단히 치밀하고 성실하다. 피임과 난임 치료, 낙태죄, 성병에 대한 기묘한 관리 체계는 그 일면을 보여 준다. 한때 예비군 훈련장에서 정관수술을 해 주고, 보건 요원이 가가호호 방문하여 여성들에게 난관결찰술이나 자궁 내 피임 장치 시술, 때로는 임신중절을 권하던 게 불과 40년 전의 모습이다. 하지만 이제는 세계 최저의 출산율 때문에 전전긍긍이다. 정부가 150조 원을 넘게 쏟아부어도 출산율은 전혀 반등할 기미를 보이지 않는다. 언제부터인가 난임 시술에 드는 비용을 국가가 지원하기 시작하더니 이제는 건강보험이 적용되고 그 범위도 점차 확대되고 있다. 반면 국가 소멸의 위기 상황을 앞두고 피임약과 콘돔은 물론, 남성의 정관수술, 여성의 난관결찰술 같은 피임 시술은 건강보험이 보장해 주지 않는다. 국제인권규약이나 세계보건기구는 낳을 권리와 낳지 않을 권리 모두를 포괄하는 재생산 건강권을 강조하지만, 그런 국제 규범 따위는 아랑곳없다. 그래도 피임했다고, 아이를 낳지 않았다고 벌금 내라는 소리는 안 하니 그저 고마울 따름이다.
　가장 심각한 것은 낙태죄 처벌이다. 낙태죄가 형법

에 등장한 것은 1953년이지만, 국가는 오랫동안 암묵적으로 임신중절을 승인해 왔다. 그러다 인구절벽이라는 위기가 닥치니 갑자기 안면 몰수하고 낙태를 응징하기 시작했다. 천국 가는 면죄부를 팔고, 마녀사냥으로 수많은 여자를 불태워 죽였으며, 최근까지 글로벌 스케일로 아동 성범죄를 저질러 온 종교의 새삼스러운 태아 사랑도 뜬금없기는 마찬가지다.

인간 악덕에 대한 백과사전이라 할 만큼 다양한 죄악을 상세히 다루고 있는 성경에서 '낙태'가 언급된 곳은 출애굽기 21장 22절뿐. "사람이 서로 싸우다가 임신한 여인을 쳐서 낙태하게 하였으나 다른 해가 없으면 그 남편의 청구대로 반드시 벌금을 내되 재판장의 판결을 따라 낼 것이니라." 어떻게 보더라도 태아에 대한 특별한 사랑은 찾아보기 어렵다. 게다가 낙태를 한 사람은 여성인데 벌금은 남편이 청구한다. 부인은 남편의 소유물이니까! 인간 존중보다는 재산권 존중의 교훈으로 읽히는 것은 나의 삐뚤어진 마음 때문인가? 대중과학 운동의 열렬한 지지자였던 칼 세이건은 종교가 낙태 전쟁에 뛰어든 것은 사실 20세기 후반 신보수주의 동맹의 정치적 산물이지 애초부터 성서적인 것과는 거리가 멀었다고 지적하기도 했다.

—

이런 건 또 어떤가? 감염병 예방법의 보건복지부령 제185호는 아래와 같이 '성 매개 감염병 및 후천성 면역결핍증 건강 진단 규칙'을 정하고 있다.

■ 성 매개 감염병 및 후천성면역결핍증 건강 진단 규칙

건강 진단 대상자	매독 감사	HIV 검사	그 밖의 성 매개 감염병 검사
1. 청소년보호법 시행령 제6조 제2항 제1호에 따른 영업소의 여성 종업원	1회/ 6개월	1회/ 6개월	1회/ 6개월
2. 식품위생법 시행령 제22조 제1항에 따른 유흥 접객원	1회/ 3개월	1회/ 6개월	1회/ 3개월
3. 안마사에 관한 규칙 제6조에 따른 안마 시술소의 여성 종업원	1회/ 3개월	1회/ 6개월	1회/ 3개월
4. 특별자치도지사, 시장, 군수, 구청장이 불특정 다수를 대상으로 성 매개 감염병 및 후천성면역결핍증을 감염시킬 우려가 있는 행위를 한다고 인정하는 영업장에 종사하는 사람	1회/ 3개월	1회/ 6개월	1회/ 3개월

이 중 첫 번째 대상인 청소년보호법에 따른 영업소란 "주로 차 종류를 조리·판매하는 영업 중 종업원에게 영업장을 벗어나 차 종류 등을 배달·판매하게 하면서 소요 시간에 따라 대가를 받게 하거나 이를 조장 또는 묵인하는 형태로 운영되는 영업"을 말한다. 쉽게 말해 '티켓 다방'이다. 두 번째 대상인 식품위생법상의 유흥 접객원은 "손님과 함께 술을 마시거나 노래 또는 춤으로 손님의 유흥을 돋우는 부녀자", 즉 룸살롱이나 유흥 주점의 도우미를 말한다. 차의 조리와 판매를 담당하는 '여성' 종업원, 유흥을 돋우는 '부녀자', 안마 시술소의 '여성' 종업원과 성병 검사가 무슨 상관이냐고 외계인이 물어본다면 뭐라고 답해야 할까?

성매매처벌법에 의해 성매매, 성매매 알선 행위 모두 금지되어 있지만, 국가는 특정 업종의 '여성' 노동자를 콕 집어 지목하며 성병 검진을 받도록 강제하고 있다. 여성을 보호하기 위한 것일까, '남성 소비자'를 보호하기 위한 것일까? 불법이지만 현실에 엄연히 존재하는 성매매 피해자를 보호하기 위한 것이라면 굳이 이렇게 주기적으로 강제할 필요도 없고, 검진 대상자의 성별을 특정할 필요도 없을 것이다. 식품을 다루는 종사자들은 식품위생법에 따라 주기적으로 건강검진을 받고 보건증을 발급받는다. 노동자를 보호하기 위해서가 아니라, 식품 구매자들의 건강을 보호하기 위해서이다. 여성 종사자 대상의 성병 검사 또한 '남성' 성 구매자를 보호하기 위해 여성생식기의 위생을 보장하는 조치라고밖에 생각할 수 없다. 2018년 사법부는 과거에 대한민국 정부가 미군 기지촌에서 성매매 여성들에게 강제에 가까운 성병 검진을 시행하는 등 사실상 성매매를 조장하고 이를 외화벌이 수단으로 악용했다는 판결을 내린 바 있다. 현재의 성 매개 감염병 건강 진단 규칙은 이러한 전통의 계승으로 보아도 무방할 것이다.

국가의 이런 애타는 노력에도 불구하고, 성 전파 질환은 나날이 늘어나고 있다. 클라미디아 감염증이 대표적이다. 이는 무증상인 경우도 많지만 치료를 안 하면 골반 염증, 자궁 외 임신, 불임으로 이어지기도 한다. 그런데 왜 이렇게 환자 수가 늘어나고 있는 것일까? 답은 간단하다. 안전하지 않은 성관계 탓이다.

2014년 발표된 연구 결과에 의하면, 2004년과 2014년 사이 20~30대 한국 여성들의 성관계 횟수는 줄어들었다. 그러나 피임법은 놀라울 만큼 후퇴를 보였다. 2004년 조사에서 주로 사용한다고 응답한 피임법이 질외 사정(42.7%), 남성 콘돔 착용(35.2%), 생리 주기 조절(26.7%), 피임약 복용(9.1%) 순이었다면, 2014년에는 질외 사정(61.2%), 생리 주기 조절(20%), 남성 콘돔 착용(11%), 피임약 복용(10.1%) 순이었다. 사실 질외 사정은 피임 방법이라고 말할 수도 없고, 생리 주기법도 실패 확률이 상당히 높은 방법이다. 그런데 이들 방법은 늘어나고, 그나마 피임 성공률이 높고(82~98%) 성병 전파도 효과적으로 막아 줄 수 있는 콘돔 사용은 형편없이 줄어들었다.

2015년 질병관리본부 보고에서도 18~69세 남성 중 성관계 때 콘돔을 항상 사용한다는 응답자의 비율은 11.5%, 자주 사용한다는 비율도 9.8%에 불과했다.[25] 여성들은 분위기를 깨고 싶지 않아서 콘돔 착용을 요구하지 않는다. 불평등한 관계 탓에 요구하기 어렵고 혹은 요구해도 받아들여지지 않는 경우도 많다. 게다가 감염이 발생했으면 남녀 파트너가 모두 치료를 받아야 하는데, 현실은 그렇지 않다. 남성의 경우 무증상인 경우가 40%나 되는 탓이다. 산부인과 전문의인 지인이 남편이나 남자친구를 데려와 같이 치료받도록 하는 게 가장 큰 숙제라고 토로하던 것이 생각난다. 콘돔이라는 간편하고 효과적인 예방 수단도, 항생제라는 좋은 치료제도, 남성과 여성의 불평등한 권력 관계 앞에서는 영 맥을 못 춘다.

국가, 시장, 종교, 전통문화(?)가 연합군을 결성하여 엄밀하게 통제하고, 남성 권력이 호령하는 이곳, 여성생식기. 빼앗긴 들에도 봄은 기어이 올 것이라 기대하고 있다.

생리

난감하면서도 뭔가 고소한 느낌.

내 옆으로 대한예방의학회, 대한직업환경의학회, 한국역학회, 한국환경보건학회, 한국보건협회, 환경보건독성학회 학회장님들이 나란히 앉아 있다. 모두들 학계에서 존경받는 초로의 남자 교수들. 수첩에 열심히 메모를 하며 연신 고개를 끄덕이는 이분들의 시선이 향한 스크린에는 화면 가득 생리대의 단면 구조가 펼쳐져 있다. 발표자와 토론자들, 그리고 객석을 가득 채운 여성 청중들이 내뿜는 이산화탄소 때문에 머리가 어질어질할 지경인데 '생리'라는 단어가 10초에 한 번씩 등장한다. 의대 수업 시간 이외에 이토록 사람 많은 곳에서 '생리'라는 단어가 무차별 난사되는 것은 나로서도 생소한 경험. 의대 수업 시간에는 교수 혼자 건조하게 떠들지만, 지금 이 자리에서는 연단과 객석 양쪽에서 생리라는 말이 터져 나오고 있다. 무엇보다 모두 생리 때문에 잔뜩 화가 나 있는 상태. 아저씨 교수님 세대에서는 남자가 '생리'라는 말을 입 밖에 꺼내는 일도 좀처럼 없었고, 어릴 적 엄마나 누나 심부름으로 생리대를 사러 간 적도 없었을 터. 아이고, 안타까워라. 이 어색함을 어쩔 거나, 머뭇거리는 사이 내 토론 차례가 돌아왔다. 이곳은 지난 2017년 11월 독성 생리대 문제에 대응하기 위한 환경보건 관련 6개 학회와 정의당, 더불어민주당이 마련한 공동 포럼 자리였다.

● 양지에서 일하지만 음지를 지향하는 생리

여성은 평균 400개의 난자를 가지고 태어난다. 임신과 출산, 수유 등으로 중단되는 일이 없다면 사춘기 이후 매월 한 개씩 배란이 일어나고 400개 난자를 다 소진한다고 치면 약 33년 정도 매월 생리를 하게 된다. 개인 차이는 있지만 한 번의 주기 때마다 평균 5일 동안 생리를 한다고 하면 평생 2,000일, 67개월, 약 5.5년 동안 피를 흘리는 셈이다. 쓰고 보니 좀 후덜덜. 어떤 병에 걸려 67개월 동안 피를 흘렸다고 하면 세상에 중병도 이런 중병이 없을 것 같은데, 이게 뜻밖에 정상적인, 그야말로 '생리적인' 반응이다. 여자 다섯 명이 모여 있는 자리라면 그중 최소 한 명은 현재 생리 중이다.

이렇게 오래 지속되고 많은 이들이 경험하는 현상이지만 또 이렇게 은밀하고 터부시되는 생리적 현상도 없다. 여성의 생리란 재수 없고 부정 타는 현상이기 때문에 배에 오르면 바다에서 사람들 목숨을 위태롭게 만들고, 제단에서는 신의 노여움을 가져올 수도 있다. 일부 문화권에서는 아예 생리 중인 여성을 집 안에 들이지 않아 외양간에서 가축과 함께 밤을 보내는 경우도 있다. 참 이상한 일이다. 아마 생리 현상 중 가장 '더러울' '응가'만 해도 아이들 동화책도 있고, 친근한 속담도 있고, 요즘엔 귀여운 인형이나 이모티콘까지 나와 있는데. 하지만 피 묻은 생리대 이모티콘? 글쎄올시다.

이날 토론회에서 나는 이런 이야기를 했다. 당시 여성환경연대가 일부 생리대에서 휘발성 유기화합물이 검출되었다는 문제를 제기한 이후, 소셜미디어에는 해당 생리대를 사용한 여성들의 제보가 줄을 이었다. 생리 양이나 기간이 급격하게 변했다는 것이다. 이러한 주장을 역학적으로 입증하려면 대조 혹은 참조 집단이 필요하다. 이를테면 화학물질에 오염되지 않은 '정상' 생리대를 사용하는 경우 평균 생리 기간은 며칠인지, 생리 혈의 양은 평균 몇 그램인지, 한 주기에 생리대는 평균 몇 개 정도나 사용하는지 이런 정보들이 있어야 한다. 그런데 우리에게는 이런 정보가 없었다. 한국인의 키와 체중, 혈압, 혈중 콜레스테롤 등은 국가 평균을 주기적으로 산출하고, 심지어 연령별, 성별, 지역별 평균값도 구할 수 있다. 그러나 여성이 평생 경험하는 생리에 대해서는 평균과 표준을 잘 모른다. 사정이 이러하니 무월경이나 생리 주기 이상 같은 문제를 경험하는 여성이 얼마나 많은지, 그 원인은 무엇인지, 이들 문제에 어떻게 대처하고 있는지 잘 모르는 것은 어쩌면 당연하다. 여성의 문제가 사회적으로 비가시화되는 전형적 사례라 할 수 있다.

생리는 에스트로겐, 프로게스테론, 황체호르몬의 절묘한 되먹임 고리와 균형을 통해서 일어난다. 그런데 이 리듬은 외부 자극 요인에 의해 쉽게 교란된다. 극심한 스트레스, 갑작스럽게 살이 쪘을 때, 살이 빠졌을 때, 수면 주기가 불규칙해졌을 때……. 시곗바늘처럼 정확하게 주기를 따르는 이들도 있지만, 딱히 이유를 모르게 주기가 들쑥날쑥하거나 빼먹는 경우도 무척 흔하다. 이건 여간 당혹스러운 일이 아니다. 예상치 못하게 '터져' 버리는 날에는 그야말로 난감한 상황이 펼쳐진다. 제날짜가 되었는데도 반응이 없으면 이것도 골칫거리이긴 마찬가지다. 혹시 신호가 왔나 화장실을 들락거리고, 어딜 가든 준비용품을 계속 들고 다녀야 하며, 여행 계획이나 특별한 일정이 잡혀 있는 경우 그야말로 전전 긍긍이다. 나만 해도 해외 출장이나 여행 중에 예정보다 미리 시작하거나 평소보다 생리일이 길어져 해외 현지에서 생리대를 구하러 돌아다닌 적이 한두 번이 아니다. 내가 들은 최악의 케이스는 결혼식 당일 오전에 생리가 터졌다는 이의 사연이었다. 듣고 있던 이들이 다 같이 탄식……. 정도의 차이가 있을 뿐, 생리 때문에 난감했던 경험이 하나도 없는 여성은 아마 없을 것이다.

대학생 때 엄청 외딴 마을로 농활을 갔는데, 여자 후배 하나가 예정보다 빨리 생리를 시작했다. 마을 안에는 약국도 편의점도 없고 버스는 하루에 두 번만 다니는데. 여학생들이 비상용으로 준비해 온 여유 생리대도 충분치 않았다. 결국 농활 대장을 맡은 고학년 남자 선배가 마을 주민의 오토바이를 빌려 한나절 걸려 읍내 약국에 다녀왔다. 남자가 생리대라니, 선배는 읍내 약국에서 변태 취급을 받았고, 설상가상으로 돌아오던 중 빗길에 오토바이가 미끄러져, 우리에게 생리대를 건네주는 순간에도 무릎에 피가 질질 흐르고 있었다. 지금 생각해 보니 가히 생리 스펙터클이다.

얼마 전 소셜미디어에는 갑자기 생리가 시작되어

여행을 못 가게 된 여자친구에게 "좀 참으면 안 돼?"라고 힐난했다는 남자친구의 사연이 올라온 적이 있다. 학교에 면도기 자판기도 없는데 왜 굳이 생리대 자판기만 설치하느냐며, 남성 역차별이라고 주장하는 남자 대학생들의 사연도 화제가 되었다. 이건 철없고 무지한 남자 '아이들'의 문제라기보다 한국 사회의 유구한 전통이다. 고등학교 시절, 어느 여학교에나 있다는 '변태' 선생이 우리 학교에도 있었다. 그중 한 명은 반 아이들이 배가 아파 야간 자율학습을 못 하겠다고 하면 자기 수첩을 꺼내 왜 지난달이랑 날짜가 다르냐며 안 보내 줬다. 뒤늦게 화제가 된 김훈 작가의 「언니의 폐경」에 묘사된 생리 대처 장면도 그 기괴함으로 여성들의 실소를 자아냈다.

내가 보기에 생리대 독성 연구에 필요한 평균이나 표준을 모르는 정도가 아니라, 생리 그 자체에 대한 이해가 턱없이 부족하다. 이건 성교육 문제도 아니고 기초 생물학 교육의 총체적 실패라 할 만하다. 호르몬 분비가 의지에 의해 조절되는 것이 아니고, 또 자궁의 움직임을 내 마음대로 조절할 수 있는 게 아니라는 점을 전혀 모르고 있으니 말이다. 이래 가지고 4차 산업혁명이니 바이오산업이니 떠들어 봤자 뭘 할 수 있을지 걱정이다. 온갖 건강 정보가 넘쳐나는 시대에 남성들이 이토록 생리에 대한 지식이 부족한 것은 그 내용이 어려워서라기보다, 남자들로서는 몰라도 불편함이 없고 (여자들이 알아서 하겠지!) 알고 싶지도 않은 (내가 왜 그걸 알아야 해) '여자들의 사소한 문제'이기 때문이다. 생리가 남자들이 경험하는 현상이었다면 어땠을까?

● **일터 환경이 생리에 미치는 영향**

일터에서의 생식 독성 이슈 또한 이러한 젠더 불평등을 잘 보여 준다.

삼성반도체에 근무하다 백혈병으로 숨진 고 황유미 씨 사연을 통해 '첨단' 전자산업이 건강에 대해서도 첨단은 아니라는 사실이 알려졌다. 반도체 생산 현장의 백혈병이 한창 이슈가 되기 시작할 무렵 만든 연구 모임에서, 클린룸 오퍼레이터로 일했던 젊은 여성 노동자들은 공통으로 '생리가 없어진다'는 이야기를 했다. 그러나 이들은 생리를 거르게 된 것을 걱정하기보다 좋아했다고 털어놓았다. 클린룸을 출입할 때마다 방진복을 갈아입고 마스크에 몇 겹의 장갑, 에어 샤워를 거쳐야 하는데 생리를 하면 화장실을 자주 다녀야 해서 번거롭고, 방진복에 비치는 것도 걱정이기 때문이다. 그 상황이 어떤 것인지 충분히 이해할 수 있었다. 새내기 여성 노동자들이 클린룸 일을 시작하는 10대 후반에서 20대 초반은 생리 주기가 점차 규칙적으로 자리를 잡아 가는 시기이기도 하지만, 취업이나 진학 같은 급격한 라이프 스타일 변화 때문에 교란의 가능성이 커지는 시기이기도 하다. 일 때문에 생리 주기가 불규칙해졌다는 이들의 호소는 사실이었을까?

우리는 한국보다 앞서 진행된 연구들, 미국 실리콘밸리의 반도체 산업, 대만의 전자산업에서 일했던 여성 노동자들에 대한 연구 결과들을 찾아보았다. 첨단 전자산업에 종사하는 여성 노동자들에게서 자연유산이 증가하고, 생리 주기가 불규칙해지며, 그러다 보니 임신도 잘 안 된다는 사실이 이미 보고되고 있었다.

우리는 한국의 상황도 비슷할 것이라 가정했고 직접 조사해 볼 수 없다면 간접적으로라도 확인하기 위해 전자산업에 종사하는 여성들이 자연유산과 월경부전으로 치료받은 자료를 건강보험공단에 확보했다. 건강보험 자료는 연구를 위해서 수집하는 것이 아니라 병·의원이 건강보험공단에 진료비를 청구하는 과정에서 만들어지는 자료이기 때문에 여러 한계점이 존재한다. 이를테면 임신 초기에 자연유산이 되어 당사자도 알아차리지 못하고 지나갔거나, 월경 이상 증상이 있더라도 병원에 가지 않으면 자료에 나타나지 않는다. 사실 생리를 한두 번 거르거나 주기가 불규칙하다고 해서 바로 산부인과를 찾는 여성은 많지 않다. 게다가 병원을 방문했다 해도, 이 자료에는 진료를 받았다는 사실만 포함되어 있지 이들이 구체적으로 무슨 일을 하는지, 어떤 위험 요인에 노출되는지 전혀 알 수 없다.

그러나 이런 제한에도 불구하고, 분석 결과 경제활동에 종사하지 않는 여성과 비교하든, 전체 여성 노동자와 비교하든, 혹은 사무직 여성 노동자와 비교하든 전자산업에 종사하는 20~30대 여성 노동자들에게서 자연유산이나 월경이상 빈도가 상대적으로 높다는 것을 확인할 수 있었다. 구체적으로 어떤 요인 때문인지는 이 자료를 통해 파악할 수 없었지만, 다른 연구나 여성 노동자들의 증언으로 유추해 보건대, 화학물질 노출, 교대 근무, 스트레스 등이 관련 있을 것으로 짐작되었다. 과거에는 위험한 공정에 차폐 장치도 없었고, 심지어 여성 노동자들이 맨손으로 직접 장비나 화학물질을 다룬 경우도 적지 않았다고 하니 말이다. 반도체 생산 과정에 쓰이는 여러 화학물질은 인간 호르몬과 비슷한 구조로 생리 주기를 교란할 수 있다. 교대 근무로 인

—

한 수면 주기의 변화나 스트레스 또한 호르몬 조절 메커니즘에 교란을 가져올 수 있다.

전자산업에 종사하는 노동자들 상당수가 가임기 여성이고, 생식 독성은 자녀들에게까지 영향을 미칠 수 있다는 점에서 심각한 문제로 다루어져야 마땅하다. 게다가 생식 독성 물질은 발암 요인과 비슷한 기전으로 작동하기 때문에, 월경부전이나 자연유산은 잠복기가 긴 암을 대신하여 작업장 내 유해 요인의 건강 영향을 모니터링하는 좋은 지표가 된다. 하지만 현실은 그렇지 못하다. 여성 노동자의 생식 독성 문제는 여전히 간과되고 있다. 이것이 여성 노동자의 문제이기 때문이다. 예컨대 서구에서 노조가 조직되어 있는 남성 숙련 노동자들이 다수를 차지하는 페인트 산업에서는 이미 금지된 생식 독성 물질이 여성 노동자가 다수를 차지하는 전자산업에서는 계속해서 쓰였다는 사실은 의미심장하다.

성별 분업에 기초한 '세계화'도 중요한 요인이다. 기업이 자료와 연구비를 지원한 연구에서 건강 피해가 직접 드러나는 경우는 많지 않음에도 불구하고, 1990년대 미국 반도체 협회가 후원한 연구들은 일관되게 생식 독성 결과를 보여 주었다. 그리고 이 덕분에 미국에서는 대표적 생식 독성 물질의 사용이 금지되기에 이른다. 그러나 바로 이 시기, 미국의 반도체 산업은 생산 설비를 한국으로 이전하기 시작했다. 미국 여성 노동자들의 문제는 한국 여성 노동자들에게 그대로 이전된다. 비교적 최근인 2015년까지도 국내 반도체 사업장의 작업 환경 측정에서 여러 생식 독성 물질이 검출되었다. 문제는 기업들이 '영업 기밀'을 이유로 구체적인 정보를 공개하지 않기 때문에, 건강 문제의 구체적 원인을 해명하거나 산재를 입증하기 어렵다는 점이다.[26] 자본과 노동의 불평등, 생산의 국제 분업 체계, 젠더 불평등이라는 거대한 주제들이 여성의 생리라는 '누추한' 현상을 통해 만나고 있다.

페미니스트 과학소설 작가 코니 윌리스의 「여왕마저도(Even the Queen)」에 그려진 시대는 암메네롤이라는 의약품 덕에 여성들이 더 이상 생리를 하지 않아도 되는 곳이다. 그러나 '자연인'을 지향하는 주인공 소녀는 이런 인위적인 삶이 싫다며 생리를 하겠다고 선포한다. 할머니와 나이 든 여자들은 펄쩍 뛴다. 그 시절로 다시 돌아갈 수는 없다고. 나도 이 대목에서 낭만적 자연주의에 빠진 철부지 소녀의 행동에 혀를 끌끌 찼다. 네가 고생을 덜 해봤구나, 풋. 극 중 주인공 소녀는 실제 생

리를 경험하고 충격에 빠진다. 그리고 묻는다. 옛날에
는 이걸 여자들이 진짜로 다 했던 거냐고. 할머니는 대
답한다.

"당근, 여왕마저도."

그렇다. 생리는 오랜 진화 과정에서 확립된, 매우
보편적인 생리적 현상이지만, 그것이 여성의 몸에서 일
어나는 것이기에 사회적으로 드러나지 않았고, 여성들
이 겪는 불편함이나 문제들이 제대로 다루어지지 못했
다. 또한 여성들이 가정에서, 학교에서, 일터에서 직면
하는 다양한 스트레스나 위험 요인들이 생리에 그대로
반영되었지만, 여성의 경험은 '부차적'인 것이기에 중
요한 보건 문제로 주목받지 못했다.

그런 면에서 독성 생리대 사건이나 반도체 노동자
들의 월경부전 문제는 안타까운 일이기는 하지만, 생리
를 더 이상 은밀한 그 무엇이 아닌 '사회적인 것'으로 만
드는 큰 걸음이었다고 생각한다. 여성들이 흘려 온 피
가 드디어 사회의 전면에, 역사의 한 페이지에 기록을
남기게 된 것이다.

다리

옛날 아주 먼 옛날, 〈호기심 천국〉이라는 TV 예능 프로그램이 있었다. 시청자가 과학(?)과 관련해 궁금한 사연을 보내면 전문가 인터뷰도 하고 연예인이 참여하는 실험도 해서 그 답을 알려 주는 프로그램이었다. 어느 날 이곳에 나의 모교가 등장한 적이 있다. "오르막길을 많이 다니면 정말 무다리가 되나요?"라는 시청자 질문에 답을 찾기 위해서.

전국의 많은 중고등학교 교가에 어김없이 산이 등장하고, 언덕에 있는 학교들이 부지기수이지만 우리 학교는 가히 독보적이었다. 1학년 신입생들은 버스 정류장부터 학교 건물까지 올라가는 데 20분도 무리였다. 마치 멕시코 원정 경기에 참여한 외국 축구선수들이 힘들어하듯, 학교 운동장이 좁아 우리 학교로 체력장 시험을 보러 오던 이웃 학교 고3들은 운동장에 도착하고 나면 이미 체력의 반이 소진될 정도였다. 그러나 풋, 우리 학교 고3들은 그 거리를 8분 만에 주파할 수 있었다. 매일 등반을 하며 뜻하지 아니하게 체력을 단련한 덕이다.

그런데 이게 문제였다. 우리는 교복 자율화 세대. 아침마다 등산을 하려면 당연히 바지를 입을 수밖에 없었다. 아예 집에서부터 '추리닝'이나 체육복을 입고 오는 아이들이 많았고 나도 그중 한 명이었다. 이런 복장이면 쉬는 시간에 매점 달려가기, 옆 교실에 준비물 빌리러 가기 등에서도 엄청난 효율을 발휘할 수 있었다. 교실에서 제기차기 같은 여흥은 물론이다. 그런데 일부 교사들에게는 이게 너무나 통탄할 일이었다. 여자애들이 맨날 뛰어다니고 수업 시간에 체육복 바지에 다리를 쩍 벌리고 앉아 있는 모습…… 나라가 망할 징조였다.

● 아름답고 조신한 다리

그래서 나온 교육지책이 '치마 입는 날'을 정한 것이다. 이름도 거룩한 애국 조회가 있는 날은 모두 치마를 입고 등교해야 했다. 그러면서 살구색 스타킹은 학생답지 못하다며 검은색 스타킹이나 타이츠만 신도록 했다. 헤어스타일도 복장도 마음대로인 학교에서 유독 살구색 스타킹만 금지했던 이유는 아직도 모른다. 교복

—

이 보편화된 지금도 학교마다 각기 다른 규율, 이를테면 어떤 학교는 맨다리 금지, 또 어디는 살구색 스타킹 금지, 또 다른 곳은 검은색 스타킹 금지 같은 규율을 가진 것을 보면, 딱히 원칙이 있다기보다는 학교 관리자들의 은밀한 취향이 반영된 결과가 아닐까 싶다. 어쨌든 천방지축 여고생들을 길들이기 위한 이 제도는 오래가지 못했다. 체육복 바지 위에 아무 치마나 걸치고 뛰어다니는 모습, 운동장에서 열린 애국 조회에 짝다리를 하고 치마 아래 바짓단을 둘둘 걷어 올리는 모습이 더 꼴불견이었고, 어느 순간 단속 자체가 흐지부지되었다. 우리의 다리는 다시 해방되었다.

여성의 많은 신체 부위가 그렇지만 다리는 생식기관이 아님에도 복잡한 성적 의미를 갖는다. 경건한 자리에서는 함부로 드러내면 안 되고, 기왕 드러내야 하는 곳에서는 엄격한 미적 기준을 따라야 한다. 튼튼한 종아리를 과시했다가는 놀림을 당하거나 "학교가 언덕에 있었나 봐요" 같은 덕담을 듣게 된다. 천방지축으로 뛰어다니거나 '쩍벌녀'가 되어서도 안 된다. 여자니까 치마를 입어야 하지만, 너무 짧은 치마는 미풍양속을 해치니 단속감이다. 참 어렵다. 조신하되 섹시하고, 건강하되 근육은 없어야 한다.

———

이런 상황에서 등장한 것이 종아리 성형술이다. 지방층을 분해하거나 흡입하는 방법, 종아리 근육으로 가는 신경을 차단하여 근육이 퇴화하도록 만드는 방법, 보톡스를 주사하여 근육이 팽팽하도록 만들어 주는 방법 등 여러 가지가 있다. 인터넷을 검색해 보면 매끈하고 날씬한 종아리를 홍보하는 성형외과의 광고, 부작용이나 효과 없음을 토로하는 환자들 경험담이 각축을 벌인다. 간혹 시술 부작용 때문에 걷는 것조차 힘들어졌다는 이들도 있다.

그리스 신화에서 바다의 여신 테티스는 아들을 금강불괴로 만들기 위해 아직 갓난아기였던 아킬레우스의 몸을 스틱스 강에 담근다. 그러나 아기 발목을 잡고 있어야 했기에, 유독 이 부위만 스틱스의 금강불괴 코팅이 되지 않았고, 아킬레우스는 나중에 트로이전쟁에서 여기에 독화살을 맞아 죽는다. 아마도 테티스가 한국 여성들의 종아리 퇴축술 이야기를 들으면 아들의 트라우마를 떠올리며 기겁할 것이다.

이렇게 보면 여성의 다리는 원래의 '기능'보다 '심미성'에 더 큰 의미가 있는 것 같지만, 각선미는 언감생심, 일을 하다가 다리가 아파서 괴로워하는 여성들이 많다.

● 일하느라 아픈 다리

2017년 근로 환경 조사에 의하면 일하는 여성의 50.5%가 근무 시간의 절반 이상을 서서 일하며, 그중에서도 21%는 거의 내내 서서 일하는 것으로 나타났다. 우리가 주변에서 흔히 접하는 서비스 분야의 여성 노동자들, 이를테면 백화점이나 마트의 판매 노동자, 학교 교사, 병원의 간호사, 항공기나 기차의 승무원은 제자리에 서 있든, 슬슬 걸어 다니든, 종종걸음으로 뛰어다니든 어쨌든 항상 서 있는 모습이다.

서서 일하는 게 뭐가 문제인가? 암과 심혈관질환 같은 만성질환 시대에는 좌식 생활 습관이 건강에 해롭다는 것이 정석이다. 오죽하면 '좌식 생활 습관은 제2의 흡연'이라는 말까지 나왔을까. 그래서 시중에는 서서 일할 수 있도록 높낮이를 변경할 수 있는 책상들이 고가에 팔린다.

하지만 서 있는 자세가 모두 건강에 득이 되는 것은 아니다. 자세를 자유롭게 변경하지 못한 채 불편한 자세로, 심지어 불편한 신발을 신고 장시간 서서 일하는 것은 노동자의 건강에 나쁜 영향을 미친다. "일하는 여성 노동자에게 의자를"이라는 모토를 걸고 전개된 2008년 '의자 캠페인'은 이 문제를 처음으로 세상에 알린 중요한 움직임이었다.

사실 1986년에 개정된 산업안전보건법에는 계속서서 일하는 노동자들에게 의자를 제공하고 3년에 한 번씩 건강 문제를 점검해야 한다는 조항이 있었다. 그러나 고용주나 노동자 모두 이런 법이 있는지조차 모르는 것이 현실이었다. 백화점이나 마트에서 하루 종일 서서 일하는 노동자들에게 '당연히' 의자가 제공되지 않았고, 간혹 의자가 있어도 앉아서 일한다는 것은 상상할 수 없었다. 왕인 손님이 오셨는데 어찌 신하가 앉아서 맞이할 수 있으랴. 여성 노동자들은 통증을 참아가며 일을 했고 (학계나 사회는 주목하지 않았지만) 자신의 고통이 일 때문이라는 것을 잘 알고 있었다.

2007년, 원진노동환경연구소가 백화점과 마트에서 일하는 판매직 여성 노동자들을 대상으로 설문 조사를 실시했다. 당시 응답자 700여 명 중 약 80%가 하루 8시간 넘게 서서 일한다고 답했다. 일차적인 건강 문제를 묻는 질문에는 41.5%가 다리가 아프다는 점을 이야기했다. 지난 1년 동안 의사로부터 하지정맥류를 진단받은 적이 있다는 비율도 12%나 되었다.

하지정맥류는 다리 정맥에 혈액이 정체되어 나타나는 질병이다. 폐를 거쳐 산소를 풍부하게 포함한 혈액은 동맥을 통해 온몸 곳곳으로 퍼져 나간다. 이렇게 동맥혈이 퍼져 나갈 수 있는 것은 심장의 펌프질 덕분이다. 이제 우리 몸 곳곳에 산소를 공급하고 이산화탄소와 노폐물을 회수해 온 혈액은 정맥을 통해 심장으로 다시 돌아가야 한다. 심장이 힘차게 수축할 때는 심장으로 돌아갈 수가 없으니 정맥혈은 심장이 이완할 때 이동한다. 심장의 밀어 주는 힘도 없이, 때로는 하지로부터 심장까지 중력을 거슬러 어떻게 올라갈 수 있을까? 혈관을 둘러싸고 있는 근육 덕분이다. 정맥 혈관 그 자체는 힘이 없지만 주변 근육의 짜내기를 통해 혈액이 이동하는 것이다. 이때 심장을 향한 방향으로만 혈액이 이동하고 반대쪽으로 역류가 생기지 않도록 정맥혈관 안쪽에 중간중간 밸브가 존재한다. 그런데 오래 서 있느라 다리에 부하가 걸리면 이 밸브에 문제가 생긴다. 심장 쪽으로 돌아가야 할 혈액이 올라가지 못하고 고여 있거나 오히려 역류를 하게 된다. 이러면 다리가 붓고, 심해지면 정맥이 뱀 모양으로 도드라진다. 근육의 짜내기 효과를 보강하기 위해 압박 스타킹을 신거나 심하면 혈관 수술을 받아야 한다.

　당시 원진노동환경연구소에서는 일부 노동자들을 대상으로 직접 신체검사도 실시했다. 그랬더니 서서 일하는 노동자의 하지정맥류 비율이 34.1%, 대개 앉아서 일하는 사무직 노동자에서는 그 비율이 4.1%로 나타났다. 나이, 가족력, 비만 여부 등을 고려하고 분석했을 때 3년 이상 서서 일하거나 5년 이상 서서 일한 경우 하지정맥류 위험은 각각 8배, 12배 이상 높아졌다. 대책이 시급하다는 것을 보여 주는 결과였다.

원진노동환경연구소와 민주노총 서비스연맹 등은 이 결과를 토대로 '의자 캠페인'을 조직했다. 이 문제가 심각하다는 것을 알리고, 여성 노동자들이 보다 건강하고 안전하게 일할 수 있는 노동 환경 개선을 요구하기 위해서였다. '의자'는 이 투쟁에서 상징적이면서도 현실적인 수단이었다.

여성 노동자들은 현장에서 협상력이 매우 약하고, 노동자로 존중받지 못하는 경우가 많다. 노동조합이 없거나, 있다고 해도 노동조합 혼자 싸움에 나서기란 쉽지 않다. 게다가 서비스 응대를 하는 노동자가 앉아 있으면 고객들이 싫어한다, 불편해한다는 생각이 만연해 있었다. 노동자 스스로도 이것이 예의 바르지 않은 태도라 생각하는 경향이 있었다.

이 상황을 바꾸려면 시민, 소비자의 인식 개선과 지지가 절대적으로 중요했다. 그래서 이 캠페인은 노동운동이자 소비자운동이기도 했다. 캠페인은 서서 일하는 것이 얼마나 건강에 해로운지 알리고, 또 노동자

들이 앉아서 응대하거나 잠시 휴식을 갖는 것이 고객에
대한 부적절한 태도가 아니라는 점을 널리 알리는 데
주력했다. 시민들도 이에 적극적으로 호응했다. 계산
원이 계산을 정확하게 해 주고 친절하게 응대하면 되지
굳이 서 있을 필요가 있냐는 상식적인 반응을 보였다.
이렇게 되자 사업주들도 고객 불만을 이유 삼아 노동자
들을 못 앉게 할 수는 없게 되었다. 노동부도 움직이지
않을 수 없었다. 공청회를 열고 지침을 배포하고 근로
감독을 벌였다. 그에 따라 전국의 주요 백화점과 할인
마트에서 의자가 제공되었고, 공간이 부적합한 경우에
는 매트 등이 제공되는 성과가 나타났다. 노동자와 소
비자가 함께 일구어 낸 소중한 변화였다. 이렇게 해피
엔딩인 줄 알았다.

　　의자 캠페인 10년 후, 뉴스에는 오래된 자료 화면
으로 착각할 만한 장면이 흘러나왔다. 2018년 민주노
총 서비스연맹이 백화점과 면세점의 판매직 노동자들
을 대상으로 실태 조사를 벌인 결과였다. 여성 노동자
들은 여전히 서서 일하고 있었다. 이들은 허리 통증은
물론 다리와 발바닥에 통증을 달고 살았고, '단정해 보
이는 신발' 덕택에 무지외반증 같은 발 변형에 시달리
고 있었다. 10년 전의 '의자 캠페인' 덕택에 의자가 배

치된 곳은 많았지만, 일에 쫓겨서 그리고 눈치가 보여서 여전히 여성 노동자들은 서서 일하고 있었다. 10년 전의 낙관이 지나쳤던 것일까?

목숨

"우리는 모두 태아였다."

역사적인 낙태죄 위헌 심판에서 낙태죄 존치를 옹호한 헌법재판관이 한 말이다. 고개가 절로 끄덕여졌다. 아무럼요, 그렇고 말고요, 우리 모두 태아였지요. 근데 옛날에는 왜 그렇게 함부로 죽이도록 놔두셨어요?

몸이라는 실체와 존재의 소멸이라는 면에서 죽음만큼 단절적인 현상은 없다. 죽음을 맞이하려면 일단 태어나야 하는데, 우리는 한때 모두 태아였지만 태아에서 아기가 되기까지의 운명이 모두 같지는 않았다. 산부인과에서 초음파 기기가 널리 쓰이고 성별 확인이 가능해진 1980년대 이래 한국에서 남자 아기와 여자 아기의 출생비는 자연성비라고 알려진 106을 훌쩍 넘겨오다가 2007년도에 와서야 겨우 제자리를 되찾았다. 출생 성비란 출생 당시 남자 아기의 숫자와 여자 아기

—

숫자의 비를 의미한다. 아무런 인위적 조치가 없는 경우, 여아가 100명 태어날 때 남아는 105~106명 정도 태어나는 것이 일반적이라 106을 보통 자연성비라고 한다.

그런데 1981년 이후 국내 출생 성비는 106을 줄곧 넘어섰을 뿐 아니라 1986년 111.7, 1988년 113.2, 1990년 116.5 같은 '피크'를 보여 주었다. 태어나는 남자 아기의 숫자가 여자 아기의 숫자보다 비정상적으로 많은 것이다. 이는 자연계에서 도저히 일어날 수 없는 결과로, 성별에 따른 선택적 유산 말고는 설명할 방법이 없다.

1986년, 1988년은 호랑이띠와 용띠 해, 그리고 1990년은 그 유명한 백말띠의 해였다. 호랑이띠, 용띠, 백말띠 여자들은 드세다는 근거 없는 믿음은 이런 초자연적 현상을 만들어 내는 데 기여했다. 피바람이 휩쓸고 간 1990년은 김연아 선수와 김태리 배우가 태어난 역사적 해이기도 하다. 이때 심지어 경상북도와 대구의 출생성비는 각각 130.6과 129.3이었다. 여자 아기가 100명 태어날 때, 남자 아기가 130명 태어났다는 것이다. 30명이라는 차이, 믿기 어려운 숫자다. 기적을 만들어 낸 이들 지역의 강고한 성차별주의와 과학기술 사랑에 엄지 척!

——

● 직접적 페미사이드

이렇게 성별 선택적인 여아 살해, 이는 페미사이드 (femicide)[27]의 시작일 뿐이다. 출생이라는 허들을 넘어도 고난은 계속된다.

국제적으로 한국 사회는 치안이 좋은 편으로 통한다. "세상에 한국만큼 안전한 나라가 어딨냐? 밤 열두 시에 여자가 술 먹고 돌아다녀도 괜찮은 나라가 어딨냐고." 나도 수없이 들었던 말이다. 특히 남성들로부터. 하지만 2003년 봉준호 감독의 〈살인의 추억〉이 개봉되었을 당시, '한국 여성과 남성은 정말 다른 세계에 살고 있구나'라는 현실 자각 타임을 뼈저리게 경험했다. 영화를 보고 온 주변 남자들과 여자들의 첫마디가 너무나 달랐던 것이다. 남자들은 하나같이 영화의 만듦새, 배우들의 연기에 대한 감탄으로 이야기를 시작했다. 여자들의 첫마디는 약속이나 한 듯 "너무 무서웠다"였다. 피해 여성이 뒤를 힐끗거리며 종종걸음으로 혼자 어두운 밤길을 걸어가는 그 장면, 아직도 생생하다. 유혈이 낭자한 〈할로윈〉이나 〈스크림〉 같은 영화도 무서운 장면이 많지만, 이국의 낯선 배경과 상황 탓에 '내 일'로 여겨지지는 않는다. 그러나 〈살인의 추억〉에 등장하는 그 친숙한 장면 속 여성이 느끼고 있을 공포. 한국 여자라면 그것이 무엇인지 너무 잘 안다.

2016년 강남역 살인 사건 소식을 들었을 때, 비슷한 공포감을 느꼈다. 지하철역이 가까운 서울 번화가의 저녁 시간. 식당과 주점, 노래방, 즐거운 시간을 보내고 있는 일행들, 나 혼자 잠깐 화장실 다녀오기 – 일일이 기억하지 못하지만 나도 수십 번의 비슷한 경험이 있다. 그런데 누군가 칼을 들고 화장실에서 나를 기다리고 있었을 수 있다는 상상. 너무 끔찍하고 공포스럽다. 당시 이 사건은 여성혐오 범죄가 아니라 정신질환자의 일탈로 결론 내려졌다.

그러나 정신질환자의 망상 또한 사회적으로 구성되는 법이다. 예컨대 조선시대 조현병 환자가 '독재 정권이 나를 미행하고 있다', '내 귀에 도청 장치가 있다'는 망상에 빠질 수는 없지 않은가. 당대의 사회적 관습 안에서 망상의 내용도 구성된다. 그것이 정신질환자의 망상일지라도 불특정 여성을 증오하여, 여성을 표적으로 삼아 범죄를 저지른 이 사건은 개인적 수준에서는 아닐지라도 사회 수준에서 여성혐오 범죄임이 분명하다.

이렇게 '극적으로' 드러나지는 않지만, 사실 통계를 살펴보면 한국 여성의 일상은 그리 안전하지 않다. 살인·강도·방화·성폭력을 포함하는 '강력 흉악 범죄' 피해는 압도적으로 여성에게 집중되며, 그래서 피해자

숫자는 여성이 남성에 비해 8배나 많다.

　폭력의 극단에 살인이 존재한다. 전 세계적으로 그리고 역사적으로, 폭력 범죄의 희생자는 대개 지위가 낮고, 권력이 없고, 경제적 자원이 부족한 이들이었다. 이러한 패턴의 예외가 여성의 살인 피해다. 대개 여성이 경제적·사회적 약자지만, 살인으로 인해 사망할 가능성은 남성에 비해 일관되게 낮다. 20세기 중반까지 전 세계적으로 여성과 남성의 살인 사망률이 비슷한 경우는 매우 드물었다고 한다. 그러나 20세기 후반 일부 국가들에서 성별 차이가 감소하는 현상이 나타나면서 이를 설명하기 위한 여러 가설이 제기되었다.

　우선 젠더 역할의 변화를 지적할 수 있다. 여성의 사회 진출이 많아지면서 타인과의 사회적 '접촉' 기회가 많아지고 이것이 여성의 살인 피해 가능성을 높인다는 주장이다. 드라마에 등장하는 여성 단독 가구나 여성 가구주의 모습은 고층 아파트에서 와인 잔을 기울이며 한강의 야경을 내다보는 '차가운 도시 여자'이지만, 현실에서는 직업과 소득이 불안정하고, 안전하지 못한 동네나 주택에 살며 당장의 치안을 걱정하는 모습에 훨씬 가깝다. 국내에서도 혼자 사는 여성이 범죄 피해를 당할 가능성은 남성의 두 배가 넘는 것으로 확인되었다.[28] 또한 여성의 노동시장 진출은 위험한 상황이나 인물에 맞닥뜨릴 가능성을 높이는데, 특히 여성의 일자리가 불안정하고 지위가 낮다는 점에서 더욱 그렇다.

여성이 가정에 머물러 있는 전통적 가족 구조에서는 가족의 '지도 감독'이 훨씬 강하고 바깥세상의 위험한 남성들로부터 차단하는 효과가 있어 폭력 피해 위험이 줄어든다. 하지만 여성 폭력 피해의 대부분은 집 안에서 혹은 아는 사람에 의해 발생한다는 점을 잊어서는 안 된다. 한국의 공식 범죄 통계는 성별에 따른 가해자-피해자 관계 정보를 제공하지 않지만, 호주, 영국, 캐나다 등에서는 여성 살해의 60~70%가 가족 구성원에 의해 자행된다는 보고가 있다. '친밀한 배우자에 의한 폭력(Intimate Partner Violence)'은 아무 설명 없이 IPV라는 약자로 쓰일 만큼 널리 알려진 문제다.

또 다른 가설은 여성의 사회적 진출이 기존의 남성 지배에 균열을 내면서, 그에 대한 반동으로 폭력이 증가한다는 것이다. 인종이든 성별이든, 주류 집단에 소수자가 진입했을 때 기득권을 가진 이들이 위협을 느끼고 폭력적으로 저항하는 것은 역사적으로 흔한 일이었다.

한편 여성의 지위가 높아질수록 스스로를 보호하고 폭력을 통제할 수 있는 역량이 커지기 때문에 폭력 피해가 줄어든다는 가설도 있다. 개인적 차원에서는 경제적 능력을 통해 좀 더 안전한 주택을 구매할 수도 있고, 집합적으로는 젠더 폭력을 다루는 법제를 강화하거나 여성을 보호하는 사회정책으로의 변화를 이끌어 낼 수도 있다는 것이다. 바로 여기에서 문제의 복잡성이 드러난다. 여성이 가정이라는 전형적인 젠더 역할을 벗어나 노동시장이나 공적 영역으로 진출함으로써 사회적 지위를 얻게 되지만, 젠더 역할의 전복이 여성의 지위를 즉각 높여 주지는 않는다. 노동력이 필요해서 여성을 사회로 불러내기는 하지만, 그에 합당한 권력과 지위를 부여하기까지에는 상당한 시간이 걸린다. 이러한 시간 지체는 여성의 폭력 위험 노출은 증가하는데 이를 회피하거나 통제할 수 있는 자원은 아직 따라오지 않는다는 점에서 젠더 폭력의 위험을 가중시킨다. 실제로 1950~1985년 동안 개발국가의 살인율 성별 격차를 분석한 연구 결과는 이러한 가설들이 어느 정도 타당하다는 것을 보여 준다.

그렇다면 국내 상황은 어떨까?

남성과 여성의 살인 사망률은 둘 다 10만 명당 1.0명 수준으로, 세계적으로 살인율이 매우 낮은 국가에 속한다. 그러나 특이한 점이 있다. 살인 피해와 관련해서 남성의 사망률이 여성보다 높은 것이 일반적이지만, 한국은 남녀 간에 차이가 거의 없다. 경제 수준이 비슷한 OECD 회원국들과 비교해 보면, 한국 남성은 살인 사망률 순위가 여전히 낮지만 여성은 다르다. 한국 여성의 순위는 치안이 불안정하고 불평등이 심한 멕시코, 라트비아, 리투아니아, 그리고 총기 소유가 합법적인 미국 다음을 차지하고 있다. 한국의 남녀 살인 사망률은 숫자만 놓고 보면 '평등'하지만, 사실은 상당한 수준의 젠더 불평등을 내포하고 있다. 살인은 폭력적 상호 충돌 상황에서 우발적으로 일어나는 경우가 많기에 남성의 사망률이 높은 것이 일반적이다. 사회적 지위와 폭력 피해의 연관성이 높음에도 예외적으로 여성의 살인율이 낮은 것도 바로 이런 이유 때문이다. 국내에서 강력 흉악 범죄 피해자의 압도적 다수가 여성이라는 점을 고려해 보면, 한국 사회의 '살인 평등'은 물리적 상호 충돌의 결과라기보다 남성에 의한 여성의 일방적 살육에 가깝다. 강남역 살인 사건을 비롯하여 세상에 제대로 알려지지 못한 비극적 사례 하나하나가 모여 이러한 통계 숫자를 만들어 냈다. 페미사이드 말고는 적절한 단어가 없다. 향후 정교한 분석이 필요하겠지만, 앞서 소개한 가설대로 여성들이 전통적 젠더 역할은 벗어나면서 그에 상응하는 개인적, 집합적 차원의 권력과 사회경제적 자원은 여전히 확보하지 못한 한국의 상황이 이러한 결과를 초래한 것으로 보인다.

———

● 간접적 페미사이드

한국 여성의 죽음은 자살에서도 독특한 양상을 보인다. 생존에 대한 욕구는 본능이기 때문에 자연계에서 동물이 스스로 목숨을 끊는 경우는 흔치 않다. 어찌 보면 자살은 인간 종의 독특하고 복잡한 본성이고, 그렇기에 '인간 사회'를 빼놓고는 이해할 수 없다.

한국의 자살 문제가 사람들의 관심을 끈 것은 1997~1998년 경제 위기를 경험하면서다. 해방 이후 줄곧 전진밖에 모르던 한국 사회에 이는 커다란 충격을 안겨 주었다. 재벌 기업이 망할 수도 있다는 걸 사람들은 처음 알게 되었고, 통계를 들먹이지 않더라도 서울역과 영등포역의 노숙인 숫자가 급증한 것을 눈으로 직접 확인할 수 있었다. 그리고 이러한 상황은 이듬해 자살률 통계에 그대로 반영된다. 이때부터 시작된 자살률의 증가세는 2011년이 되어야 그 폭주를 멈춘다. 리투아니아가 OECD 회원국이 되기 전인 2016년까지, 한국은 역사적으로 유명한 자살 대국들인 오스트리아, 헝가리, 핀란드, 일본 등을 제치고 10년 내리 자살률 1등을 차지했다.

자살하고 싶다는 생각은 여성이 많이 하지만, 실제 죽음에까지 이른 자살 사망은 남성에게서 흔하다. 대부분의 국가에서 남성의 자살률이 여성보다 높다. 그에 대한 설명은 몇 가지로 수렴된다. 남성들은 술을 많이 마시는 등 위험 행동을 여성보다 많이 하고, 치명적 수단인 총기류에 보다 쉽게 접근할 수 있다. 뿐만 아니라 남성성을 강조하는 사회 규범 탓에 정신적 고통을 다른 이에게 털어놓거나 전문적 서비스에 도움받기를 꺼리는 경향이 있다.

반면 여성은 위험 행동 자체가 적을 뿐 아니라, 스트레스 대응에 비교적 유연하고, 전문가든 주변의 사회적 지지든 도움을 더 쉽게 요청하는 등 긍정적 보호 요인이 훨씬 강하게 작동한다. 실제로 가장 최근 통계인 2017년 자료에 의하면, 여성의 자살 사망률은 10만 명당 15.0명으로 남성의 자살 사망률 36.2명에 비해 절반에 불과하다.

그러나 살인 통계와 마찬가지로 국제 비교에서는 조금 다른 양상이 관찰된다. 한국의 남성 자살률은 그래도 '경쟁자'가 있는 반면, 한국 여성의 자살률은 그야말로 경쟁 상대가 없다. 압도적, 지속적 1등이다. 또한 대부분의 선진국에서 여성 자살률은 경기순환에 덜 민감한 것으로 나타나지만, 한국 여성의 자살률은 남성과 똑같이 경기순환에 민감하게 반응한다.

———

이러한 현상은 몇 가지 설명을 가능케 한다. 우선 총기류가 제한적인 상황에서 농약 같은 독극물이나 목맴, 투신 같은 자살 수단에 접근할 수 있는 기회에 남녀 차이가 별로 없다. 그리고 한국 여성들이 처한 이중의 어려움이 있다. 전통적인 젠더 역할에서 벗어나고는 있지만 사회경제적 지위와 권력에서의 열세는 좀처럼 극복되지 않았다는 것이다. 게다가 취약한 사회보장제도는 상황을 더욱 악화시킨다.

사실 경제 위기가 닥치고 실업률이 높아진다고 해서 자살률이 반드시, 자동으로 높아지는 것은 아니다. 핀란드의 경우 주요 교역 상대인 소비에트 연방이 해체되던 1990년대 초반 심각한 경제 위기를 겪었고, 한국처럼 IMF 구제금융을 받았다. 그러나 한국과 같은 자살률 폭등은 없었다. 든든한 사회보장제도 덕분이다. 일본도 1990년대 후반 우리와 같은 시기에 경제 위기에 직면하여 자살률이 폭등했지만, 이는 남성, 그것도 경제활동을 하는 중장년 남성에 국한되었다. 반면 한국에서는 경제 위기 이후 여성 자살률도 급등하여 남녀 자살률 격차가 줄어들었다. 더구나 실업률과는 무관한 여성 노인의 자살률까지 증가했다. 전통적인 가족 부양 모델은 해체되고 있는데, 이를 보완할 수 있는 사회적 보호 장치는 미처 마련되지 못한 상황에서 여성 노인 또한 경제 위기의 직격탄을 맞은 것이다.

예전에 한국과 일본의 자살 비교 연구를 진행하면서, 세계가치조사의 젠더 역할 설문 결과를 살펴본 적이 있다. '일자리가 부족할 때, 여성보다는 남성이 더 많은 일자리 권리를 가져야 한다'는 의견에 동의하는 비율이 일본보다 한국에서 10% 포인트 이상 높았다. 그런데 '남편과 아내는 둘 다 가구 소득에 기여해야 한다'는 의견 또한 한국이 일본에 비해 거의 20% 포인트 가량 높았다. 대체 어쩌라는 건가? 남자한테 일자리는 양보하되, 돈은 벌어 와야 한다는 것이 한국 여성들이 직면한 '사회적 기대'이다.

한국 여성들의 죽음은 사회경제적 조건의 열세, 강고한 젠더 이데올로기, 사회보장제도의 미발달이라는 총체적 난국을 드러내는 종합 지표라 해도 과언이 아니다. 노벨경제학상 수상자인 아마티야 센은 1992년 〈실종된 여성들(missing women)〉이라는 유명한 논문을 통해, 전 세계적으로 여성 인구가 원래 있어야 할 숫자보다 6천만 명에서 1억 명이나 부족하다고 추정했다. 여성의 타고난 생물학적 이점에도 불구하고 젠더 불평등, 특히 남아 선호에서 비롯된 여자 아기 살해와 생애 전과정에서 일어나는 영양과 보건에서의 구조적 차별이 여성을 죽음으로 몰아넣고 있다는 것이다. 10년 뒤, 그는 〈실종된 여성들〉 논문의 제2탄을 발표했다. 1992년 첫 논문 이후 교육과 보건의료 체계의 개선으로 여성 사망률이 제자리를 찾아가는 듯싶었지만, 산전 진단 기술이 폭발적으로 확산되면서 여아 낙태가 급증하고 '실종된 여성들' 문제가 여전히 해결되지 않았다고 아마티야 센은 탄식했다.

인간은 누구나 죽는 필멸의 존재라지만 여자들의 때 이른 죽음, 불필요한 죽음, 불평등한 죽음은 결코 자연의 섭리가 아니다. 이게 과연 21세기에 어울리는 구호인지는 모르겠으나, '더 이상 죽이지 마라'라는 주장은 오늘, 여기에서 여전히 유효하다.

에필로그

숭배나 혐오 말고 렛잇고!

유성생식을 하는 대부분의 생물 종과 마찬가지로 인간 남성과 여성 사이에는 생물학적 차이가 존재한다. 염색체, 호르몬, 몸의 모양새, 생식기 등에서 차이를 찾을 수 있다. 물론 외양만으로 성별을 구분하기 어려운 경우도 많고, '간성(intersex)'처럼 이분법으로 성별을 결정지을 수 없는 경우도 있다. 그렇다고 성별 자체가 허구이거나 생물학적으로 전혀 의미 없는 개념이라는 것은 아니다.

중요한 것은 인간이 생물학적 존재일 뿐 아니라 사회적 존재라는 점이다. 자연환경이든 사회적 환경이든, 인간은 외부 환경의 변화에 따라 끊임없이 진화해 왔다. 그래서 과거에는 생존에 결정적이었던 생물학적 특성, 이를테면 사냥에 적합한 근력과 빠른 속도 같은 능력이 오늘날 사무실 환경에서는 별로 쓸모없는 요소가 되었다. 자녀를 농사 밑천으로 여기던 시절에는 풍요와 다산 능력을 상징하는 여성의 풍만한 몸매가 인기 있었지만, 열량 과잉 문제가 심각하고 자녀를 한둘 밖에 낳지 않는 오늘날에는 매력이 될 수 없다. 불과 30년 전만 해도 딸자식을 대학에 보내는 데 망설이는 부모가 적지 않았지만, 대학 진학률에서 여성이 남성을 앞지른 것이 벌써 여러 해 전이다.

그럼에도 젠더 고정관념과 성차별주의는 그 내용 을 조금씩 변주해 가며 여전히 우리의 사고를 지배하고 있다. 인지능력이나 정서, 그로부터 파생된 교육과 업 무 영역에서 남녀 차이는 과잉 해석된다. 굳이 차이를 발견하려 애쓰고, 작은 차이라도 확인되면 그것이 생물 학적으로 '본질적'인 것이라고 주장한다. 반면 심장병 증상 발현의 성별 차이는 간과된다. 남성의 증상이 표 준이기 때문이다. 여성이 평생 경험하는 생리에 대해서 는 기본 통계조차 불충분한 것이 현실이다.

젠더 고정관념과 성차별주의는 생각에서 끝나지 않는다. 여성과 남성의 일상을 지배하고 몸과 건강에 영향을 미친다. 남성과 똑같이 일을 한다고 해도, 여성 의 몸은 일의 효율에만 최적화되어서는 안 된다. 피부 는 생기 있되 과하지 않은 화장으로 가꾸어져 있어야 하고, 안경 따위로 아름다운 눈을 가리거나 과도한 '지성'의 흔적을 남겨서는 안 된다. 친절하고 공손한 모습을 위해서라면 좀 불편하더라도 단정한 신발을 신고 하루 종일 서 있어야 한다. 여성의 골병은 회사 일이 아니라 집안일 탓이라지만, 정작 가사노동의 건강 영향은 연구할 만큼 가치 있는 것이 아니다. 애교 넘치는 하이톤의 목소리로 일터에서 분위기 메이커가 되어야 하지만, 리더로서의 신뢰감은 글쎄올시다.

젠더 고정관념과 성차별주의는 여성의 몸을 아주 세세하게 구분하고 규율한다. 너무 커도 안 되고 너무 작아서도 안 된다. 너무 길어서도 안 되고 너무 짧아도 안 된다. 머리카락은 길고 털은 짧아야지, 그 반대가 되었다가는 꼴불견이다. 게다가 아름다운 유방, '사회적 관리'가 필요한 여성생식기의 청결 기준은 국가가 마련해 준다. 만일 사회의 미적 기준을 충족하기 어렵다면, 성형을 통해서 문제를 해결할 수 있다. 보형물 때문에 암에 걸릴 수도 있고, 신경 절단 때문에 못 걷게 되는 경우도 있다지만, 이는 전적으로 여성이 감당해야 할 몫이다. 원시적 가부장제를 벗어나는가 싶으니, 이제 의료화와 상품화가 여성의 몸을 기다리고 있다.

사실 젠더 고정관념과 성차별주의의 가장 뛰어난(?)

—

부분은 여성 스스로도 이를 내면화한다는 점이다. '머릿속 남성'의 시선으로 자기를 검열하고 수정하며, 스스로를 성적 대상화한다. 실제로는 선택지가 매우 제한된 상황에서 내려진 결정임에도, 사회는 이를 여성의 자유로운 선택인 것처럼 그려내고, 때로는 여성 스스로도 그렇게 생각한다. 일보다 가족을 사랑하기 때문에 여성 '스스로' 노동시장을 떠난 것이다. 피임과 임신중단 권리는 보장하지 않지만, 여성의 성적자기결정권은 '선별적으로' 폭넓게 인정한다. 성폭력의 대상이 미성년 여자아이라도 연인 관계, 상호 합의라는 말이 아무렇지도 않게 사용된다.

도대체 숭배와 혐오 사이, 어느 장단에 맞춰 춤을 춰야 할지 모르겠다. 우리가 원하는 것은 숭배도 혐오도 아니지 않은가? 내 몸인데 왜 자기들 마음대로 떠받들었다가 끌어내렸다가 널뛰기를 한단 말인가?

하지만 공기처럼 만연해 있고 '자연스럽게' 여겨지는 젠더 고정관념에 반기를 들기란 쉽지 않다. 페미니스트라고 해서 젠더 고정관념과 성차별주의에 전혀 물들지 않은 것도 아니다. 그럴 수가 없다. 평생을 성차별적 사회에서 살아왔는데, 자신은 성차별에서 자유롭다고 말하는 것 자체가 문제다. 우리에게 필요한 것은 젠더 고정관념과 성차별주의에 우리 사회가, 우리가, 나 자신이 물들어 있다는 것을 인정하고 이를 비판적으로 성찰하는 것이다. 이것이 첫걸음이다.

이 책에서 살펴본 것처럼 여성의 몸은 젠더 고정관념과 성차별주의가 얼마나 촘촘하고 체계적으로 작동하는지를 보여 주는 살아 있는 증거이다. 다행스러운 것은, 많은 이들의 투쟁에 힘입어 법과 제도 영역에서, 또 일상생활에서 성차별주의가 점차 완화되고 있다는 점이다. 이제 여자 승무원과 여자 아나운서가 무려(!) 안경을 쓰고 일할 수 있다. 이 책을 쓰는 중간에 귀여운 '생리대 이모티콘'이 출시되기도 했다. 그러나 다른 한편에서 여성 자신의 욕망으로 가장한 여성의 성애화, 여성 몸의 상품화와 의료화가 빠르게 일어나고 있다는 점은 새로운 도전이다.

우리에겐 숭배와 혐오, 오직 이 두 가지 선택지만 있는 것이 아니다. 숭배와 혐오 중 덜 나쁜 한 가지를 고를 필요도 없다. 우리 스스로, 내 몸의 제대로 된 주권자가 되기 위해 끊임없이 의심하고 과감하게 "Let it go"를 외쳐 보자.

——

주

뇌

1   Boston Globe 2005년 1월 17일자. "Summers' remarks on women draw fire"

2   젠더 고정관념(gender stereotype)이란 "남자는 원래~ 여자는 원래 ~"처럼 특정 젠더를 기반으로 작동하는 사회적 기대를 일컫는다. "남자는 울면 안 돼", "여자는 조신해야지" 같은 표현이 전형적이다.

3   고정관념 위협(stereotype threat)이란 특정 집단을 향한 부정적인 고정관념이 그 집단에 속한 사람들에게 위협이 될 수 있음을 뜻하는 사회심리학 용어다. 이를테면, '여자는 운전을 못한다' '뚱뚱한 사람은 게으르다', '흑인은 백인보다 열등하다' 등의 고정관념은 특정 집단에 소속된 사람의 인지 능력이나 수행력을 실제로 저하시킬 수 있다.

4   여성가족부 양성평등실태조사, 2016

5   라포르시안 2019년 5월 25일자. "'의료계 성평등, 군대와 비슷한 수준'…그나마 군대도 변화하는데"

6   뉴스앤조이 2019년 3월 26일자. "서울신대 신앙 수련회 성차별 강연 논란 '여성들 꾸미는 건 남성 관심받으려고'"

털

7   네이트판 [남자의 심리] "이상적인 여자의 머리 길이는?" https://
     pann.nate.com/talk/323966135
8   가톨릭뉴스 지금여기 2013년 9월 5일자. "미사포는 왜 쓰며, 꼭 써
     야 할까요?"
9   Amnesty International 2019년 3월 11일자. "Iran: Shocking 33-
     year prison term and 148 lashes for women's rights defender Nasrin
     Sotoudeh"

피부

10   화장품신문 2018년 5월 18일자. "세계 화장품시장 '2021년 526조
     원' 전망"
11   녹색소비자연대 전국협의회 2017년 5월 26일. "시작 연령 낮아지
     는 화장, 올바른 교육 시급"
12   한겨레 2014년 11월 25일자. "딸뻘 여중생 임신시킨 40대, 무죄
     이유 들어보니…"

목소리

13   https://youtu.be/bQJ0b7lSoXU
14   Bloomberg 2018년 12월 8일자. "Cute 'Kawaii' Culture May Be
     Holding Back Japan's Women"
15   https://pudding.cool/2017/03/film-dialogue/index.html

유방

16   허핑턴포스트코리아 2016년 8월 4일자. "국가건강정보포털이 '여
     성의 아름다운 가슴' 모양을 정의했다"
17   U.S. Food and Drug Administration "Risks and Complications of

Breast Implants" (https://www.fda.gov/node/354687)

18   뉴스타파 2018년 11월 27일자. "파열된 신뢰 인공 유방… 국내 이
      상 사례 4천3백 건"

비만

19   섭식장애란 음식 섭취와 관련된 이상 행동이나 생각을 통틀어 일
      컫는다. 흔히 거식증으로 알려진 신경성 식욕부진증과 폭식증에
      해당하는 신경성 과식증이 포함된다. 폭식증이면 많이 먹는 게 문
      제인 것 같지만, 과식이나 폭식을 한 후에 보상 행동으로 스스로
      구토를 하거나 설사약, 이뇨제 같은 약물을 복용한다는 것이 더
      큰 문제다. 체중 증가에 대한 공포나, 체중과 체형에 대한 왜곡된
      인식과 관련 있다. 거식증은 이보다 심각한 상태로, 체중이 느는
      것을 극도로 두려워하면서 이미 저체중 상태임에도 살을 빼려는
      지속적인 행동을 보인다. 그로 인해 탈수, 전해질 이상, 저체온, 저
      혈압, 무월경 같은 합병증이 생기고, 심한 경우에는 사망에 이를
      수도 있다.
20   이투데이 2017년 5월 1일자. "벌써 10조, '살찌는' 다이어트 시장"
21   보건복지부 보도자료 2013년 5월 24일. "살찌는 것이 두렵다, 20
      대 섭식장애 여성 남성의 9배"

자궁

22   The Guardian 2016년 4월 1일자. "Outsourcing pregnancy: a visit to
      India's surrogacy"
23   The Guardian 2016년 8월 19일자. "Cambodia proves fertile ground
      for foreign surrogacy after Thailand ban"
24   일요신문 2011년 8월 22일자. "[세태고발] 여대생 '대리모' 지원
      실태"
25   한국일보 2017년 9월 29일자. "콘돔 사용률, 10년 만에 3분의 1 토
      막 났다"

생리

26 Bloomberg 2017년 6월 15일자. "American Chipmakers Had a Toxic Problem. Then They Outsourced It"

목숨

27 페미사이드(Femicide)란 여성(female)과 살해(homicide)를 합친 말로 의도적 여성 살해, 혹은 여성과 소녀들에게 저질러지는 살인을 일 컫는다.

28 연합뉴스 2017년 7월 23일자. "혼자 사는 젊은 여성, '범죄 피해 당할 가능성' 남성의 2배"

참고문헌

뇌

- 한국교육개발원. 「교육통계연보」. 2017.
- Blum RW, Mmari K, Moreau C. "It begins at 10: how gender expectations shape early adolescence around the world". *J Adolesc Health* 2017; 61(4 suppl): S3 – S4.
- Dar-Nimrod I, Heine SJ. "Exposure to scientific theories affects women's math performance". *Science* 2006; 314: 435.
- Feingold A. "Cognitive gender differences are disappearing". *American Psychologist* 1988; 43(2): 95-103.
- Hyde JS, Fennema E, Lamon SJ. "Gender differences in mathematics performance: A meta-analysis". *Psychological Bulletin* 1990; 107(2): 139-155.
- Hyde JS. "How large are cognitive gender differences? A meta-analysis using !w² and d.". *American Psychologist* 1981; 36(8): 892-901.
- Hyde JS, Linn MC. "Gender differences in verbal ability: A meta-analysis". *Psychological Bulletin* 1988; 104(1): 53-69.
- Joel D, Berman Z, Tavor I, et al. "Sex beyond the genitalia: the human brain mosaic". *PNAS* 2015; 112(50).
- Maney DL. "Perils and pitfalls of reporting sex differences". *Phil Trans R Soc B* 2016; 371: 20150119.
- Sapolsky RM. *Behave: the biology of humans at our best and worst.* Pen-

guin Books 2018.

- Steffens MC, Jelenec P, Noack P. "On the leaky math pipeline: comparing implicit math-gender stereotypes and math with drawal in female and male children and adolescents". *J Educ Psychol 2010*; 102: 947－63.

털

- 김순자. 「30-50대 직장 여성의 미용 관심도와 헤어스타일 선호도」. 남부대학교 대학원 향장미용학 석사학위 논문 2015.
- 박혜연, 백정원, 신은령. 「여성의 인구통계학적 특성에 따른 헤어태도 및 헤어스타일 선호도」. 미용예술경영연구 2015; 9(3): 121-128.
- Gaither TW, Awad MA, Osterberg EC, et al. "Prevalence and motivation: pubic hair grooming among men in the United States". *Am J Men's Health* 2017; 11(3): 620－640.
- Rowen TS, Gaither TW, Awad MA, et al. "Pubic hair grooming prevalence and motivation among women in the United States". *JAMA Dermatology* 2016; 152(10): 1106-1113.
- Synnott A. "Shame and glory: a sociology of hair". *The British Journal of Sociology* 1987; 38(3): 381-413
- Terry G, Braun V. "To let hair be, or not let hair be? Gender and body hair removal practices in Aotearoa/New Zealand". *Body Image* 2013; 599-606.
- Toerien M, Wilkinson S. "Gender and body hair: constructing the feminine woman". *Women's Studies International Forum* 2003; 26(4): 333-344.
- Williamson H. "Social pressures and health consequences associated with body hair removal". *Aesthetic Nursing* 2015; 4: 131-133.

눈

- Lewallen S, Courtright P. "Gender and use of cataract surgical services in developing countries". *Bulletin of the World Health Organization* 2002; 80: 300-303.

피부

- 나은희, 김수영, 조한익. 「한국인에서 비타민 D: 성별, 연령, 거주지, 계절에 따른 상태 및 결핍의 유병률」. Lab Med Online 2015; 5(2): 84-91.
- American Psychological Association, Task Force on the Sexualization of Girls. "Report of the APA Task Force on the Sexualization of Girls". 2008.
- Brumberg JJ. *The Body Project: An Intimate History of American Girls*. Vintage 2010.
- Dellinger K, Williams CL. "Makeup at work: negotiating appearance rules in the workplace". *Gender & Society* 1997; 11(2): 151-177.

목소리

- Klofstad CA, Anderson RC, Peters S. "Sounds like a winner: voice pitch influences perception of leadership capacity in both men and women". *Proc Royal Soc B* 2012; 279: 2698-2704.
- Mayew WJ, Parsons CA, Venkatachalam M. "Voice pitch and the labor market success of male chief executive officers". *Evolution and Human Behavior* 2013; 34(4): 243 - 248.
- Pemberton C, McCormack P, Russell A. "Have women's voices lowered across time? A cross sectional study of Australian women's voices". *Journal of Voice* 1998; 12(2): 208-213.
- Puzar A, Hong Y. "Korean cuties: understanding performed win-

———

someness (Aegyo) in South Korea". *The Asia Pacific Journal of Anthropology* 2018.

- Van Bezooijen R. "Sociocultural aspects of pitch differences between Japanese and Dutch Women". *Language and Speech* 1995; 38(3): 253-265.

어깨

- 김향수.「시민과학연대를 통한 1990년대 여성노동 안전보건운동」. 시민건강연구소 영펠로우 연구보고서. 2012.
- 한국보건사회연구원, 질병관리본부.「한국 여성의 건강 통계 산출 및 만성질환 치료 관리의 성별 차이 분석」. 2018.
- Kim MH, Kim HJ. "An untold story in labor health: Korean women workers". *New Solutions* 2007; 17(4): 325-343.
- Habib RR, Fathallah FA, Messing K. "Full-time homemakers: workers who cannot 'go home and relax'". *International Journal of Occupational Safety and Ergonomics (JOSE)* 2010; 16(1): 113 - 128.
- Treaster DE, Burr D. "Gender differences in prevalence of upper extremity musculoskeletal disorders". *Ergonomics* 2004; 47(5): 495-526.

유방

- Acker M. "Breast is best... But not everywhere: ambivalent sexism and attitudes toward private and public breastfeeding". *Sex Roles* 2009; 61: 476 - 490.
- Anderson P, Frisch RE, Graham CE, et al. "The Reproductive Role of the Human Breast". *Current Anthropology* 1983; 24(1): 25-45.
- Bahk J, Jang SM, Jung-Choi K. "Increased breast cancer mortality only in the lower education group: age-period-cohort effect in breast cancer mortality by educational level in South Korea, 1983-2012".

Int J Equity Health 2017; 16(1): 56.

- Brown P, Zavestoski S, McCormick S, et al. "Embodied health movements: new approaches to social movements in health". *Sociology of Health & Illness* 2004; 26(1): 50 – 80.

- Heise L, Greene ME, Opper N, et al. "Gender inequality and restrictive gender norms: framing the challenges to health". *Lancet* 2019; 393(10189): 2440-2454.

- Kang SY, Kim YS, Kim Z, Kim HY, Lee SK, Jung KW, Youn HJ, Korean Breast Cancer Society. "Basic findings regarding breast cancer in Korea in 2015: data from a breast cancer registry". *J Breast Cancer* 2018; 21(1): 1-10.

- Rojas K, Stuckey A. "Breast Cancer Epidemiology and Risk Factors". *Clinical Obstetrics and Gynecology* 2016; 59(4): 651-672.

- Swami V, Pietschnig J, Stewart N, et al. "Blame it on patriarchy: more sexist attitudes are associated with stronger consideration of cosmetic surgery for oneself and one's partner". *Int J Psychol* 2013; 48: 1221 – 29.

- Ward L, Merriwether A, Caruthers A. "Breasts are for men: media, masculinity ideologies, and men's beliefs about women's bodies". *Sex Roles* 2006; 55: 703 – 714.

- Zavestoski S, McCormick S, Brown P. "Gender, embodiment, and disease: Environmental breast cancer activists' challenges to science, the biomedical model, and policy". *Science as Culture* 2004; 13(4): 563-586.

심장

- 안혜미, 김형수, 이건세 등. 「급성심근경색 환자의 증상 발현 후 골든타임 내 응급의료센터 도착률 및 지연에 관련된 요인」. 대한간호학회지 2016; 46(6): 804.

- 한국보건사회연구원, 질병관리본부. 「한국 여성의 건강 통계 산출

및 만성질환 치료 관리의 성별 차이 분석」. 2018.

- Dey S, Flather MD, Devlin G, et al. "Sex-related differences in the presentation, treatment and outcomes among patients with acute coronary syndromes: the Global Registry of Acute Coronary Events". *Heart* 2009; 95: 20 – 26.
- Greenwood BN, Carnahan S, Huang L. "Patient – physician gender concordance and increased mortality among female heart attack patients". *PNAS* 2018; 115(34): 8569-8574
- Institute of Medicine. "Unequal Treatment: Confronting Racial and Ethnic Disparities in Health Care". *Washington(DC): National Academies Press.* 2003
- Rosenfeld AG, Lindauer A, Darney BG. "Understanding treatment-seeking delay in women with acute myocardial infarction: descriptions of decision-making patterns". *Am J Crit Care* 2005; 14(4): 285-93.

비만

- 피터 싱어 · 짐 메이슨. 함규진 옮김. 『죽음의 밥상』. 산책자 2008.
- 한국보건사회연구원, 질병관리본부. 「한국 여성의 건강 통계 산출 및 만성질환 치료 관리의 성별 차이 분석」. 2018.
- Becker AE, Burwell RA, Gilman SE, Herzog DB, Hamburg P. "Eating behaviours and attitudes following prolonged exposure to television among ethnic Fijian adolescent girls". *Br J Psychiatry* 2002; 180: 509 – 14.
- Ben-Shlomo Y, Kuh D. "A life course approach to chronic disease epidemiology: conceptual models, empirical challenges and interdisciplinary perspectives". *Int J Epidemiol* 2002; 31(2): 285-93.
- Cassels S. "Overweight in the Pacific: links between foreign dependence, global food trade, and obesity in the Federated States of Micronesia". *Globalization and Health* 2006; 2: 10

- Derenne JL, Beresin EV. "Body image, media, and eating disorders". *Academic Psychiatry* 2006; 30: 3.
- Pampel FC, Krueger PM, Denney JT. "Socioeconomic Disparities in Health Behaviors". *Annu Rev Sociol* 2010; 36: 349-70.
- Puhl RM, Brwonell KD. "Psychosocial origins of obesity stigma: toward changing a powerful and pervasive bias". *Obesity Reviews* 2003; 4: 213-227.

자궁

- 우순덕. 〈기지촌 여성(미군 '위안부')의 삶과 국가의 책임〉. 복지동향 2019년 2월.
- Berer M. "Cosmetic surgery, body image and sexuality". *Reprod Health Matters* 2010; 18: 4 – 10.
- Sagan C. *Billions and Billions*. Random House 1997.
- UN FPA. "Female genital mutilation (FGM) frequently asked questions" (https://www.unfpa.org/node/9481)

생리

- Gold EB, Eskenazi B, Hammond SK, Lasley BL, Samuels SJ, O'Neill Rasor M, et al. "Prospectively assessed menstrual cycle characteristics in female wafer-fabrication and nonfabrication semiconductor employees". *Am J Ind Med* 1995; 28: 799 – 815.
- Hsieh GY, Wang JD, Cheng TJ, Chen PC. "Prolonged menstrual cycles in female workers exposed to ethylene glycol ethers in the semiconductor manufacturing industry". *Occup Environ Med* 2005; 62: 510 – 516.
- Kim I, Kim MH, Lim S. "Reproductive hazards still persist in the microelectronics industry: increased risk of spontaneous abortion and menstrual aberration among female workers in South Korea". *PLoS*

ONE 2015; 10(5): e0123679.

- Kim MH, Kim H, Paek D. "The health impacts of semiconductor production: an epidemiologic review". *Int J Occupational Environmental Health* 2014; 20(2): 95-114.

다리

- Lee YK, Kim SB, Chung J, Jung MJ, Kim MH. "The 'Chair Campaign' in Korea: an alternative approach in occupational health and safety for service workers". *New Solutions* 2011; 21(2): 269-282.

목숨

- Gartner R, Baker K, Pampel FC. "Gender Stratification and the Gender Gap in Homicide Victimization". *Social Problems* 1990; 37(4): 593-612.
- Kim SY, Kim MH, Kawachi I, Cho Y. "Comparative Epidemiology of Suicide in South Korea and Japan: Effects of Age, Gender and Suicide Methods". *Crisis* 2011; 32(1): 5-14.
- Sen A. "Missing women - revisited: reduction in female mortality has been counterbalanced by sex selective abortions". *BMJ* 2003; 327: 1297-8.
- Sen A. "Missing women: social inequality outweighs women's survival advantage in Asia and north Africa". *BMJ* 1992; 304: 587-8.

페미니즘프레임

02　**몸**

당신이 숭배하든 혐오하든

2019년 9월 30일 처음 찍음

지은이　　김명희
펴낸곳　　도서출판 낮은산
펴낸이　　정광호
편집　　　강설애
제작　　　정호영
출판 등록　2000년 7월 19일 제10-2015호
주소　　　04048 서울시 마포구 어울마당로5길 16 반석빌딩 3층
전화　　　02-335-7365(편집), 02-335-7362(영업)
팩스　　　02-335-7380
이메일　　littlemt2001ch@gmail.com
제작　　　상지사 P&B

ⓒ 김명희 2019

ISBN 979-11-5525-118-8 03300

이 도서의 국립중앙도서관 출판예정도서목록(CIP)은 서지정보유통지원시스템 홈페이지(http://seoji.nl.go.kr)와 국가자료공동목록시스템(http://www.nl.go.kr/kolisnet)에서 이용하실 수 있습니다. (CIP제어번호 : CIP2019030871)

• 이 책 내용의 일부 또는 전부를 재사용하려면
　반드시 저작권자와 도서출판 낮은산 양측 동의를 받아야 합니다.

일상을 보는 다른 관점
페미니즘프레임

숭배도 혐오도 아닌
내 몸의 주인이 되기 위하여

너무 커도 안 되고 너무 작아서도 안 된다. 너무 길어서도
안 되고 너무 짧아도 안 된다. 머리카락은 길고 털은 짧아야지,
그 반대가 되었다가는 꼴불견이다. 아름다운 유방, '사회적
관리'가 필요한 여성생식기의 청결 기준은 국가가 마련해
준다. 사회의 미적 기준을 충족하기 어렵다면, 성형을 통해서
문제를 해결할 수 있다. 보형물 때문에 암에 걸릴 수도
있고, 신경 절단 때문에 못 걷게 되는 경우도 있다지만, 이는
전적으로 여성이 감당해야 할 몫이다.

우리에겐 숭배와 혐오, 오직 이 두 가지 선택지만 있는 것이
아니다. 숭배와 혐오 중 덜 나쁜 한 가지를 고를 필요도
없다. 우리 스스로, 내 몸의 제대로 된 주권자가 되기 위해
끊임없이 의심하고 과감하게 "Let it go"를 외쳐 보자.

www.littlemt.com
ISBN 979-11-5525-118-8
값 13,000원